**HERDER /** SPEKTRUM *MEISTERDENKER*

# HERDER / SPEKTRUM

Das Buch

Über Thomas von Aquin (1225–1274), den wohl bedeutendsten mittelalterlichen Theologen, heißt es bei Ludwig Wittgenstein, es seien nicht die Antworten, die er gegeben, sondern die Fragen, die er gestellt habe, die seine philosophische Bedeutung ausmachten. Anthony Kenny zeigt, daß die Fragen und Kategorien, mit denen Thomas die Natur des rationalen Denkens und des menschlichen Geistes zu verstehen versucht, auch für die heutige Philosophie aktuell geblieben sind. Eine höchst lebendige Einführung zum Leben des Thomas, zu seiner Zeit und seinem Glauben und eine Übersicht über sein umfangreiches Werk sowie die wichtigsten Grundbegriffe wie Existenz, Essenz, Substanz, Akzidenz, Form, Materie und Seele, durch die die gesamte weitere Metaphysik nachhaltig geprägt worden ist. So gesehen ist Thomas nicht nur bis heute als Kirchenlehrer maßgebend, sondern auch ein Philosoph von Weltrang.

So urteilte die *Sunday Times:* „Bisher gab es kaum etwas, das sich lohnte, jemandem, der sich mit Thomas von Aquin befassen wollte, in die Hand zu geben. ...Von nun an ist zweifellos Kennys Buch der richtige Ausgangspunkt."

Der Autor

Anthony Kenny lehrt in Oxford. Er war Präsident der Britischen Akademie sowie Vorsitzender der British Library. Zu seinen vielen philosophischen Büchern zählen *The Five Ways* (1969), eine Untersuchung der berühmten fünf Gottesbeweise des Thomas von Aquin, sowie *Aquinas on Mind* (1993). 1995 gab er *The Oxford Illustrated History of Western Philosophy* heraus (auf deutsch 1995 erschienen), und 1998 schrieb er *A Brief History of Western Philosophy.*

Anthony Kenny

# Thomas von Aquin

Aus dem Englischen
von Bernardin Schellenberger

Herder
Freiburg · Basel · Wien

Wissenschaftliche Beratung dieses Bandes:
Prof. Dr. Dr. Matthias Lutz-Bachmann

Dieser Band, zuerst auf englisch publiziert,
erscheint mit freundlicher Genehmigung von Oxford University Press.

© Anthony Kenny

Deutsche Erstausgabe
Alle Rechte vorbehalten – Printed in Germany
© der deutschen Ausgabe
Verlag Herder, Freiburg im Breisgau
Genehmigte Lizenzausgabe Panorama Verlag, Wiesbaden
Lektorat: Lukas Trabert
Satz: DTP-Studio Helmut Quilitz, Denzlingen
Druck und Bindung: GGP Media, Pößneck
Umschlaggestaltung: Joseph Pölzelbauer
Umschlagmotiv: Gemälde von Sandro Botticelli:
„Der hl. Thomas von Aquin",
Privatbesitz, Schweiz; Bildarchiv Herder.
ISBN 3-926642-36-x

# Vorwort

Das vorliegende Buch handelt von Thomas von Aquin als Philosoph; es ist für Leser geschrieben, die vielleicht nicht unbedingt seine theologischen Interessen und Überzeugungen teilen. Thomas hat, abgesehen von seinen Kommentaren über Aristoteles, wenig ausdrücklich Philosophisches geschrieben, aber seine theologischen Werke, und vor allem sein Meisterwerk, die *Summa Theologiae*, enthalten philosophische Einsichten, die es angemessen erscheinen lassen, ihn als einen der großen Philosophen der Welt zu bezeichnen.

Das Buch ist in drei Kapitel gegliedert. Im ersten werden das Leben und die Werke des Thomas von Aquin vorgestellt; außerdem wird versucht, seine Bedeutung für die zeitgenössische Philosophie aufzuzeigen. Im zweiten Kapitel werden die wichtigsten Begriffe seines metaphysischen Systems skizziert. Dabei wird seine Seinslehre erörtert, die zu den berühmtesten, aber auch am meisten überschätzten Elementen seiner Philosophie gehört. Das dritte Kapitel ist Thomas' Philosophie des Geistes *(philosophy of mind)* gewidmet, die weit weniger bekannt ist, als sie es verdient. Am Schluß des Buches folgen noch einige Hinweise zur Literatur.

Bedanken möchte ich mich bei Professor A. C. Lloyd und Dr. Henry Hardy für ihre Anmerkungen zu einem ersten Entwurf des Buches und bei Frau Mary Bugge für die Reinschrift des Manuskripts.

# Inhalt

Liste der Abkürzungen . . . . . . . . . . . . . . . . . . 9

1 Leben . . . . . . . . . . . . . . . . . . . . . . . . . 11

2 Sein . . . . . . . . . . . . . . . . . . . . . . . . . . 57

3 Geist . . . . . . . . . . . . . . . . . . . . . . . . . 101

Literaturhinweise zum Weiterlesen . . . . . . . . . . . 135

Index . . . . . . . . . . . . . . . . . . . . . . . . . . 137

# Liste der Abkürzungen

Für die Werke des Thomas von Aquin wurden folgende Abkürzungen verwendet:

**C** *De Virtutibus in Communi*, Rom 1953. Englische Übersetzung: *On the Virtues in General*, übers. v. J. P. Reid, Providence, Rhode Island 1951

**E** *De Ente et Essentia*, hg. v. L. Baur, Münster 1933. Deutsche Übersetzungen: *Über das Sein und Wesen*, lat.-dt. Ausgabe, übers. u. erl. v. R. Allers, Darmstadt 1953/1991; *Das Seiende und das Wesen*, lat.-dt. Ausgabe, übers. u. hg. v. Franz Leo Beeretz, Stuttgart 1979,[2]1997 und *Über Seiendes und Wesenheit*, Einl., Übers. u. Komm. v. Horst Seidl, Hamburg 1988.

**G** *Summa contra Gentiles*. Deutsch: *Summe gegen die Heiden*, lat.-dt. Ausgabe, hg. u. übers. v. Karl Albert u. Paulus Engelhardt unter Mitarbeit v. Leo Dümpelmann, Darmstadt, 1. Bd. 1974, 2. Bd. 1982, 3. Bd./I 1990, 3. Bd./II 1996, hg. u. übers. v. K. Allgaier, 4. Bd. 1996, hg. u. übers. v. M. H. Wörner.

**M** *In XII Libros Metaphysicorum*, hg. v. R. M. Spiazzi, Turin 1950. Englische Übersetzung: *Commentary on the Metaphysics of Aristotle*, Chicago 1961.

**H** *In Libros Peri Hermeneias*, hg. v. R. M. Spiazzi, Turin 1955.

**P** *Quaestiones Disputatae de Potentia Dei*, hg. v. R.M. Spiazzi, Turin 1949.

**Q** *Quaestiones Quodlibetales*, hg. v. R. M. Spiazzi, Rom 1949.

**S** *Summa Theologiae*, deutsch in: *Die deutsche Thomas-Ausgabe*, ungekürzte lat.-dt. Ausg., übers. v. d. Dominikanern u. Benediktinern Deutschlands u. Österreichs, Salzburg/Leipzig bzw. Graz/Köln 1934–1977 (36 Bde.) [bislang nur in Teilen erschienen].

**V** *Quaestiones Disputatae de Veritate*, hg. v. R.M. Spiazzi, Turin 1949. Deutsche Übersetzung v. Edith Stein, Freiburg i.Br. 1953; 3. erw. Aufl., Löwen/Freiburg 1964 (Edith Stein, Werke 3, 4), sowie *Von der Wahrheit. De Veritate*, lat.-dt. Ausgabe, hrsg. u. eingel. v. A. Zimmermann, Hamburg 1985.

**S** wird gewöhnlich zitiert mit Teil, Frage, Artikel und (wenn vorhanden) Einwand oder Antwort; ‚I–II 3, 2 ad 2' bedeutet also: I. Teil des II. Teils, 3. Frage, zum 2. Einwand die 2. Antwort (siehe unten S. 39/40). **G** wird mit Buch und Kapitel zitiert.

Im nachfolgenden Text sind die Übersetzungen der Zitate aus der *Summa Theologiae* der angegebenen *deutschen Thomasausgabe* entnommen; die Zitate aus anderen Werken, die in keiner deutschen Ausgabe zugänglich sind, wurden vom Übersetzer des vorliegenden Buches direkt aus dem Lateinischen übersetzt.

# 1 Leben

Kurz vor oder kurz nach Neujahr 1225 wurde Thomas von Aquin im Schloß Roccasecca bei Neapel geboren, als siebter Sohn des Herzogs Landulf aus dem feudalen Hochadel von Aquino. Es war gerade zehn Jahre her, daß König Johann von England zu Runnymede die Magna Charta unterzeichnet hatte und der Spanier Dominic de Guzman nach Rom gezogen war, um den Orden der nach ihm benannten Predigerbrüder zu gründen. Der größte Teil Europas, darunter das heutige England, Frankreich, Deutschland und Italien, gehörte zu einer einheitlichen lateinischen Kultur, deren mächtigste Institutionen das Heilige Römische Reich und die römisch-katholische Kirche waren. Das lateinische Europa wurde in Spanien vom islamischen Königreich von Granada und auf dem Balkan vom griechischen Reich von Byzanz eingegrenzt; in Asien unterhielt es eine unsichere Kolonie in Form des Kreuzfahrer-Königreichs von Jerusalem. Kaiser Friedrich II. herrschte von Deutschland bis Sizilien und erregte das Staunen seiner Zeitgenossen mit der kosmopolitischen Weite seiner Interessen. Seine ehrgeizigen Ziele brachten ihn mit den Ansprüchen einer ganzen Abfolge von Päpsten in Konflikt und ließen das Italien des frühen 13. Jahrhunderts zum Schauplatz ständiger kriegerischer Auseinandersetzungen werden.

Im Alter von fünf Jahren wurde Thomas von seinem Vater in die große Benediktinerabtei von Monte Cassino geschickt. Das war nicht nur ein Kloster, sondern auch eine Grenzfestung zwischen Friedrichs Königreich von Neapel und dem päpstlichen

Herrschaftsgebiet. Thomas wurde als Oblate aufgenommen; damit war er zwar kein Kindermönch, aber dennoch wurde von ihm in höherem Maß erwartet, später Mönch zu werden, als das bei einem heutigen Schüler in einem Benediktiner-Internat der Fall ist. Nach neun Jahren Elementarunterricht wurde seine Ausbildung unterbrochen, weil im Lauf einer Auseinandersetzung zwischen Papst und Kaiser das Kloster von Truppen besetzt wurde. Nach einer kurzen Zeit daheim wurde Thomas an die Universität von Neapel geschickt, die der Kaiser vierzehn Jahre zuvor als Gegengewicht gegen die päpstliche Universität von Bologna gegründet hatte. Hier studierte er die Sieben Freien Künste der Grammatik, Logik, Rhetorik, Arithmetik, Geometrie, Musik und Astronomie. Beim Studium der „Künste" der Logik und Astronomie begann seine Ausbildung in Philosophie: Er las die Traktate des Aristoteles über die Logik samt den Kommentaren späterer Gelehrter; außerdem wurde er von einem Lehrer namens Petrus von Irland in die wissenschaftlichen und kosmologischen Werke des Aristoteles eingeführt.

1244 trat Thomas in den Dominikanerorden ein. Seine Verwandten, die erwartet hatten, er werde Benediktinermönch und später -abt werden, waren darüber empört. Ein Mensch des 20. Jahrhunderts mag keinen großen Unterschied zwischen einem Benediktiner- und einem Bettelmönch sehen, da beide durch die Gelübde des Gehorsams, des Zölibats und der Gottsuche gebunden sind; aber ein Aristokrat des 13. Jahrhunderts machte einen großen Unterschied zwischen Mönchen, die auf ansehnlichen eigenen Liegenschaften lebten und darum hochgeachtet waren, und Ordensbrüdern, bei denen es sich um neumodische Wanderapostel handelte, die sich mit der armen Unterschicht in den Städten gemein machten und vom Betteln lebten. Thomas' Vater war schon verstorben, aber seine übrige Familie legte einen derartigen Unmut an den Tag, daß die Dominikaner beschlossen, ihn aus Sicherheitsgründen nach Paris zu schicken.

Als Thomas auf der Reise dorthin an einem Brunnen in der Toskana eine Rast einlegte, wurde er von seinen älteren Brüdern entführt und auf eine Familienburg zu Monte San Giovanni verbracht. Aber er war weder durch die Tränen seiner Mutter noch die Gewalt seiner Brüder zu bewegen, die weiße Kutte und den schwarzen Mantel der Dominikaner wieder abzulegen. Über ein Jahre lang wurde er zu Roccasecca unter Hausarrest gehalten, bis die Familie ihn schließlich doch freigab, damit er zu seinen Ordensbrüdern zurückkehren konnte.

Während seiner Gefangensetzung verfaßte Thomas zwei kleine Traktate über die formale Logik. Es handelt sich um einen Leitfaden über die Tücken, die bei der Anwendung der üblichen Denkmuster auftreten, den er „Adligen, die sich mit den Künsten befassen", widmete, sowie um ein Fragment über modale Aussagen (Sätze über Notwendigkeit und Möglichkeit), das er vermutlich für einen früheren Studienkollegen aus Neapel anfertigte. Besser bekannt als Thomas' erste Versuche, philosophische Schriften zu verfassen, ist die Geschichte des Angriffs auf sein Keuschheitsgelübde. Entweder aus Mitleid oder Hinterlist schickten ihm seine Brüder eines Nachts eine sittenlose Dirne in die Zelle, die ihn zum Liebesspiel verführen sollte. Thomas sprang auf, riß ein Scheit aus dem Feuer und jagte sie aus dem Raum. Hierauf fiel er in tiefen Schlaf und sah im Traum, wie Engel seine Lenden zum Zeichen immerwährender Keuschheit gürteten. „Von dieser Zeit an", sagt sein frühester Biograph, „pflegte er den Anblick und die Gesellschaft von Frauen stets zu meiden, wie ein anderer Schlangen meidet, ausgenommen notwendige oder nützliche Anlässe."

Einige Zeit nach seiner Freilassung von Roccasecca ging Thomas in das Studienhaus der Dominikaner nach Köln, wo er von 1248 bis 1252 unter Albert dem Großen studierte. Albert war ungefähr 25 Jahre älter als er und Gründungsmitglied der Dominikaner in Deutschland, ein Mann von scharfsinniger wissenschaftlicher Neugier und besessen von einer grenzenlosen Lernbegierde. Unter ihm lernte Thomas das enzyklopädische Genie des Aristoteles zu schätzen, dessen vollständige Werke erst unlängst in einer lateinischen Übersetzung zugänglich geworden waren. Er war ein stiller, tiefsinniger Student, der eifrig die Vorlesungen seines Meisters mitschrieb; einige dieser Mitschriften über die *Ethik* des Aristoteles sind in einem Autograph erhalten geblieben. Er war bereits von fülliger Körpergestalt, bewegte sich langsam und war durch nichts aus der Ruhe zu bringen. Seine Mitstudenten gaben ihm daher den Spitznamen „der stumme Ochse"; seine Vorlesungsnachschriften allerdings reichten sie voller Bewunderung untereinander weiter. Die verblüffende Überlegenheit seiner dialektischen Fähigkeiten legte Thomas erst an den Tag, als er sich vom festen Brauch des scholastischen Disputierens dazu gezwungen sah. Bei einer solchen Gelegenheit äußerte Albert: „Dieser stumme Ochse wird mit seinem Brüllen noch in der ganzen Welt zu hören sein."

1252 kam Albert schließlich zur Überzeugung, Thomas habe sich alles angeeignet, was er ihm in Philosophie und Theologie zu bieten habe, und er sei nun für höhere Studien qualifiziert. Bislang hatte Thomas seine Erfahrungen mit dem Studieren und Lehren vorwiegend auf dem Gebiet der Philosophie gemacht, obwohl er möglicherweise bei Albert auch an Grundkursen über die Bibel teilgenommen hatte. Er war jetzt siebenundzwanzig und seit zwei Jahren Priester; aber nach damaligen Maßstäben war er immer noch sehr jung, um mit dem Studium für den Magister der Theologie anzufangen. Albert überzeugte den Generalmagister der Dominikaner von Thomas' außergewöhnlichen Fähigkeiten, worauf er nach Paris geschickt wurde. Dort sollte er sich als Baccalaureus betätigen und damit anfangen, die theologischen Kurse zu geben, mit denen er sich als Magister qualifizieren konnte. Gegenstand der Vorlesungen waren üblicherweise die berühmten *Sentenzen* des Petrus Lombardus, eine

Zitatensammlung von autoritativen Texten der Kirchenväter und des Lehramts sowie Kommentaren dazu. Die Vorlesungen über die *Sentenzen*, die Thomas während der vier Jahre seiner Vorbereitung auf den Magistergrad zu Paris hielt, stellen das erste seiner erhaltenen größeren Werke dar. Selbst in diesen Vorlesungen zu einem gängigen Lehrbuch erweist er sich als origineller Denker.

Als Thomas an die Pariser Universität kam, waren Universitäten immer noch etwas relativ Neues. Im Jahrhundert davor hatte sich die Kathedralschule von Notre Dame zur blühenden akademischen Einrichtung mit einem reichhaltigen Lehrplan und einer internationalen Schülerschaft entwickelt; ihre Statuten als sich selbst verwaltende Universität waren 1215 im Namen des Papstes anerkannt worden. Auch in Italien und Spanien steckten die Universitäten noch in den Kinderschuhen, und ungefähr zur selben Zeit erhielten Oxford und Cambridge ihre ersten Kanzler. Die ältesten Colleges zu Oxford und Cambridge lagen immer noch in der Zukunft: Kurz nachdem Thomas in Paris seine Vorlesungen über die *Sentenzen* gehalten hatte, wurde dem straffällig gewordenen Baron John de Balliol zur Buße die Gründung eines Studienhauses in Oxford auferlegt. Die Universität zu Bologna spezialisierte sich auf das Recht, diejenige zu Montpellier auf die Medizin; aber mit Abstand das wichtigste Zentrum des Philosophie- und Theologiestudiums war die Universität von Paris.

Die Dominikaner hatten 1217 in Paris ein Studienhaus eingerichtet, und trotz ihrer Unbeliebtheit beim traditioneller ausgerichteten Klerus waren sie bis 1230 in den Besitz von zwei der zwölf theologischen Lehrstühle an der Universität gelangt. Als Thomas nach Paris kam, sollte er Assistent eines gewissen Elias Brunet werden, der 1248 Nachfolger Alberts des Großen als Inhaber des zweiten der beiden dominikanischen Lehrstühle geworden war. Dieser Lehrstuhl war Anlaß großer Streitigkeiten: 1252 hatte die Universität versucht, ihn abzuschaffen, und im

Laufe der sich daran anschließenden Kontroverse trat die Mehrzahl der Professoren während des größten Teils des akademischen Jahres in Streik. Thomas scheint seine erste Vorlesungsreihe als Streikbrecher gehalten zu haben, und eine seiner Aufgaben als Baccalaureus bestand darin, Entgegnungen auf anti-dominikanische Flugschriften zu schreiben.

Das Kernstück des Pariser Lehrbetriebs waren die Vorlesungen. An den meisten Tagen pflegte der Professor selbst von sechs Uhr morgens bis nach acht Uhr Vorlesung zu halten; sodann behandelte sein Baccalaureus von neun Uhr bis kurz vor Mittag die *Sentenzen*. An bestimmten Tagen hatte der Professor den Vorsitz bei formellen Disputationen über Themen seiner Wahl: Ein Problem wurde aufgestellt, einander widersprechende Ansichten wurden geäußert und begründet, und der Baccalaureus mußte auf Argumente aus der Zuhörerschaft antworten; zum Schluß gab der Magister sein Urteil ab. Während der Fastenzeit und des Advents wurden anstelle dieser *Quaestiones Disputatae* über festgesetzte Themen weitergefaßte, improvisierte Diskussionen über *Quaestiones Quodlibetales* veranstaltet, bei denen jeder aus der Zuhörerschaft eine Frage zu jedem beliebigen Thema einbringen konnte.

Neben seiner Vorlesungstätigkeit und Teilnahme an den Disputationen schrieb Thomas während seiner Baccalaureatszeit auf Bitten seiner dominikanischen Kollegen zwei kurze Monographien: die Werke *Über die Naturprinzipien* und *Über Seiendes und Wesenheit*. Darin erläuterte er die Terminologie der aristotelischen bzw. nacharistotelischen Physik und Metaphysik. Beide Werke, namentlich letzteres, erfreuten sich als gut lesbare Einführungen großer Beliebtheit.

Im akademischen Jahr 1255/56 wurde Thomas der Magistertitel verliehen, und er sollte den Lehrstuhl für Theologie übernehmen. Er war erst dreißig und hatte Zweifel, ob er über die genügende Kompetenz dazu verfüge. Sein Zögern war zur damaligen Zeit durchaus angebracht, da die anti-dominikanische Stimmung in Paris derart heftig war, daß das Priorat rund um die Uhr von königlichen Truppen bewacht werden mußte. Aber in einem Traum wurde ihm Mut zugesprochen und sogar ein Text für seine Antrittsvorlesung eingegeben. Seine Amtseinsetzung fand im Frühjahr 1256 statt; sie war mit einem umfangreichen akademischen Zeremoniell verbunden und wurde durch ein ausdrückliches päpstliches Demonstrationsverbot geschützt.

Im Laufe der anschließenden drei Jahre war es Thomas' vorrangige akademische Pflicht, Vorlesungen über den Text der Bibel zu halten. Von den uns erhaltenen Bibelkommentaren stammen vermutlich aus dieser Zeit seine Kommentare über den Propheten Jesaja und über das Matthäusevangelium. Diese Kommentare sind in zwei Formen überliefert: als *reportatio*, d. h. Vorlesungsmitschriften der Studenten, und als *ordinatio*, d. h. als vom Vorlesenden selbst geschriebener oder diktierter Text. Die eigenhändigen Aufzeichnungen des heiligen Thomas stellen für den Wissenschaftler einen zwiespältigen Segen dar: Jahrhundertelang galt seine Handschrift als Ausbund der Unleserlichkeit; seine Autographe muten wie eine Mischung aus Stenogramm und Kritzelei an.

Die Schriftkommentare des Thomas von Aquin werden heutzutage selbst von Theologen nur noch selten gelesen. Eine interessantere Erinnerung an seine erste Phase als Professor zu Paris ist der Text der Disputationen, bei denen er den Vorsitz führte; er ist traditionellerweise bekannt unter der Bezeichnung des ersten darin behandelten Themas, nämlich als *Quaestiones Disputatae de Veritate*, „Disputationen über die Wahrheit". Bei den darin enthaltenen Disputationen geht es um viele verschiedene Gebiete der Philosophie und Theologie: um die Wahrheit und das Wahrheitswissen in Gott, Engeln und Menschen; Vorsehung und Vorherbestimmung, Gnade und Rechtfertigung; Vernunft, Gewissen und freien Willen; Gefühle, Trancezustände, Prophetien,

17

Bildung und ein Dutzend weiterer Themen. Insgesamt handelt es sich um 29 „Fragen", deren jede ein einzelnes Thema behandelt; aber jede Frage besteht wiederum aus einer ganzen Reihe vieler einzelner Disputationen oder „Artikel". So enthält zum Beispiel die erste Frage, diejenige über die Wahrheit, nicht weniger als zwölf Disputationen, vom ersten Artikel mit der Frage: „Was ist Wahrheit?" bis zum zwölften: „Enthält das Verstehen Falsches?" Insgesamt umfaßt diese Pariser Sammlung 253 Artikel und besteht aus über 500 000 Wörtern. So beträgt der Umfang der *Quaestiones Disputatae de Veritate*, eines der verhältnismäßig weniger wichtigen Werke von Thomas, bereits über die Hälfte des uns von Aristoteles überlieferten Werkes. Der Text dieser Disputationen wurde von Pariser Buchhändlern zugänglich gemacht: 1304 konnte man ihn zum Preis von vier Schilling in 46 Faszikeln zum Abschreiben ausleihen.

Form und Methode der Disputationen läßt sich anhand des ersten Artikels der ersten Frage: „Was ist Wahrheit?" veranschaulichen. Zunächst werden sieben Argumente dafür angeführt, daß wahr sein einfach bedeute: zu sein. Als Ausgangspunkt dient dafür das Augustinuszitat, Wahrheit sei das, was sei, woran sich eine Erörterung einer bekannten Stelle aus der *Metaphysik* von Aristoteles über die Definition der Wahrheit anschließt. Darauf folgen fünf Argumente für das Gegenteil, mit denen behauptet wird, das Sein sei keineswegs das gleiche wie das Wahrsein. Daran schließt sich Thomas' abschließende Stellungnahme zu diesem Disput an, worin er drei verschiedene Sinne von „wahr" und „Wahrheit" unterscheidet. Streng gesprochen handele es sich bei der Wahrheit um ein Verhältnis zwischen dem Geist und der Wirklichkeit: das Gleichförmigsein eines Gedankens mit dem, worüber der Gedanke gedacht werde. Doch könnten auch die Umstände, die einen Gedanken wahr sein lassen, als „Wahrheit" bezeichnet werden: In diesem Sinn sei die Wahrheit das, was sei. Nun könne ich allerdings aufs Geratewohl etwas denken und das könne vielleicht auch mit der Wirklichkeit übereinstimmen, ganz gleich, ob ich nun weiß, ob das der Fall ist oder nicht. Aber der Begriff der Wahrheit treffe in einem besonderen Sinn erst dann zu, wenn ich *urteile*, daß ein Gedanke mit der Wirklichkeit übereinstimme. So könnten wir also sagen, daß sich die Wahrheit je nachdem auf die Wirklichkeit, das Denken oder das Urteilen beziehe. Nachdem er diese dreifache Unterscheidung gemacht hat, kommt Thomas wieder auf die anfänglichen Argumente für und wider die Gleichsetzung von Sein und Wahrsein zurück. Er nimmt sich eines um das andere vor und erklärt, was er bei jedem für richtig und was er für unrichtig hält. Wenn man den Text laut liest, braucht man dazu ungefähr eine halbe Stunde; sollten unsere Ausgaben tatsächlich eine Art von wörtlicher Aufzeichnung der ursprünglichen Veranstaltung sein, so muß die gesamte Disputation über die Wahrheit ungefähr fünf Stunden gedauert haben.

Heutige Philosophen zerbrechen sich noch immer die Köpfe über die Definition von „Wahrheit", und auch heute noch nimmt man als Ausgangspunkt für Diskussionen die Äußerung des Aristoteles in seiner *Metaphysik*. Gemäß der These, daß Wahrsein einfach Sein bedeute, gibt es heute die „Redundanztheorie" der Wahrheit, der zufolge in allen Sätzen mit der Form „*p* ist wahr" die Formulierung „ist wahr" logisch überflüssig sei, so daß man also mit der Aussage „‚Schnee ist weiß' ist wahr" nicht mehr sage als: „Schnee ist weiß". Andere Philosophen des 20. Jahrhunderts haben wie Thomas geglaubt, Wahrheit bestehe aus der Entsprechung zur Wirklichkeit, obwohl sie im allgemeinen als primäre Wahrheitsträger – als das, was die Entsprechung herstellt – nicht Gedanken oder Urteile genommen haben, sondern Sätze oder Aussagen (Propositionen). Viele Aspekte heutiger Kontroversen finden bereits in diesen mittelalterlichen Disputationen ihre Gegenstücke: Zum Beispiel diskutieren die Philosophen heute darüber, ob bestimmte Aussagen ihren „Wahrheitsgehalt" ändern können, d. h., daß aus wahren Aussagen falsche werden können oder umgekehrt. Das gleiche Problem wird im 6. Artikel der 1. Frage angesprochen: „Ob die geschaffene Wahrheit unveränderlich sei."

Zusätzlich zu diesen gutgegliederten Disputationen über die Wahrheit und damit verbundene Themen sind aus der ersten Zeit Thomas' in Paris auch Stegreif-Disputationen über beliebige Fragen erhalten. Bei manchen geht es um Streitfragen, etwa um die Frage, ob Bettelmönche zu körperlicher Arbeit verpflichtet seien. Andere spiegeln zweifellos die Neugier einzelner aus der Zuhörerschaft wider, etwa die Frage, ob es in der Hölle echte Würmer gebe. (Nein, sagt Thomas; es gebe nur das Nagen des Gewissens.)

Während dieser Jahre in Paris fand der Aquinate auch die Zeit, einen Kommentar zu einem Traktat des Boethius, eines Philosophen aus dem 6. Jahrhundert, über die Dreifaltigkeit anzufangen, den fertigzustellen er allerdings nie mehr die Zeit fand. Ganz unerwartet findet man ausgerechnet darin seine ausführliche Abhandlung über das Verhältnis von Naturwissenschaft, Mathematik und Metaphysik. In einer langen Darlegung entwickelt er die Auffassung, diese drei Disziplinen stellten eine Hierarchie zunehmender Abstraktion von der Materie dar.

Im Frühjahr 1259 wurde Thomas auf seinem Lehrstuhl der Theologie von einem englischen Dominikaner, William von Alton, abgelöst. Er verließ Paris kurz danach und verbrachte die folgenden sechs Jahre in Italien. Zur damaligen Zeit war der päpstliche Hof noch nicht fest im Vatikan eingerichtet: Alexander IV., der bei Thomas' Rückkehr Papst war, lebte zu Anagni, und sein Nachfolger, Urban IV., wurde zu Viterbo gekrönt und zog ein Jahr später nach Orvieto. Anfang der sechziger Jahre war Thomas als Lehrer zu Orvieto, Rom und Viterbo tätig und bewegte sich unter den Scholaren, Diplomaten und Missionaren am päpstlichen Hof. Seine wichtigste Leistung aus dem ersten

20

Teil dieses Italien-Aufenthalts war die Vollendung eines in Paris begonnenen Werks, der *Summa contra Gentiles*, also einer Gesamtdarstellung oder eines Handbuchs „gegen die Heiden".

Bei dieser *Summa contra Gentiles*, die auch unter dem Titel *Über die Wahrheit des katholischen Glaubens* bekannt ist, handelte es sich um ein enzyklopädisches theologisches Handbuch zum Gebrauch der Missionare, die unter Juden und Moslems lebten. Die Anregung zu diesem Werk scheint von dem spanischen Dominikaner Raimund von Peñaforte zu stammen, der in Spanien und Nordafrika als Missionar tätig war. Was dem Buch seinen besonderen Charakter und seine Bedeutung für die Philosophiegeschichte gibt, ist die Tatsache, daß zu den Moslems und Juden, für deren Bekehrung es geschrieben war, Männer gehörten, die gründlich in der aristotelischen Bildung bewandert waren. Daher geht Thomas darin bei seiner Argumentation von philosophischen Prämissen aus und verzichtet auf konfessionsgebundene Unterstellungen; er behandelt seine Themen mit subtiler Gedankenschärfe, also in einem spürbar anderen Stil als die ansonsten übliche missionarische Apologetik.

Bei der *Summa contra Gentiles* handelt es sich um eine umfangreiche Abhandlung, nicht um eine Aufzeichnung von Disputationen: Sie umfaßt vier Bücher mit jeweils ungefähr hundert Kapiteln und zählt insgesamt ungefähr 300 000 Wörter. Das erste Buch handelt von der Natur Gottes, soweit der Verstand ohne Unterstützung durch die Offenbarung darum wissen kann; das zweite behandelt die erschaffene Welt und ihre Hervorbringung durch Gott; das dritte führt aus, auf welche Weise Vernunftgeschöpfe ihr Glück in Gott finden sollen, und befaßt sich weithin mit ethischen Fragen; und das vierte ist spezifisch christlichen Lehren gewidmet, wie der Dreifaltigkeit, der Inkarnation, den Sakramenten und der endgültigen Auferstehung der Heiligen dank der Vollmacht Christi. Das ganze Werk hindurch unterscheidet Thomas sehr sorgfältig zwischen den Wahrheiten über

Gott und die Schöpfung, die man seiner Überzeugung nach mit Vernunftgründen behaupten könne, ohne sich auf eine angebliche Offenbarung zu beziehen, und den anderen, die man nur erweisen könne, indem man sich auf eine göttliche Autorität berufe, die sich mittels der Bibel oder der Lehre der christlichen Kirche geäußert habe. In den ersten drei Büchern werden biblische und kirchliche Texte nur zur Veranschaulichung und Bestätigung der aus den Vernunftgründen gezogenen Schlußfolgerungen angeführt, nie als Prämissen, von denen die Argumente ausgehen. Thomas erklärt seine Methode im 2. Kapitel des I. Buchs:

„Mohammedaner und Heiden stimmen mit uns nicht darin überein, die Autorität irgendeiner Heiligen Schrift anzuerkennen, auf die wir uns zu ihrer Widerlegung stützen könnten, so wie wir gegen die Juden argumentieren können, indem wir uns auf das Alte Testament berufen und gegen die Häretiker, indem wir uns auf das Neue berufen. Diese Leute nehmen keines von beiden an. Daher müssen wir auf die natürliche Vernunft zurückgreifen, der zuzustimmen alle Menschen gezwungen sind."

Die natürliche Vernunft, so glaubte Thomas, sei fähig, nur eine begrenzte Zahl von Wahrheiten über Gott zu erkennen; Lehren wie diejenige über die Dreifaltigkeit und die Menschwerdung Gottes könne man nur infolge der Offenbarung wissen, nicht kraft der sich selbst überlassenen Vernunft. In der Praxis müßten jedoch viele Menschen sogar diejenigen Wahrheiten, die man theoretisch vernunftmäßig erschließen könne, wie etwa die Existenz Gottes und die Unsterblichkeit der Seele, einer Autorität glauben. Das liege daran, daß ihr Nachweis mittels philosophischer Argumente mehr Verstand, Muße und Energie erfordere, als man von der Mehrzahl der Menschen erwarten könne.

Nachdem er die Grenzlinie zwischen Verstand und Glauben gezogen hat, erwägt Thomas, was die Vernunft über die Existenz Gottes sagen könne. Manche sind der Auffassung, diese Lehre bedürfe keines Beweises: „Gott existiert" sei eine Wahrheit, die aus sich selbst heraus evident sei, denn jeder, der begreife, was das Wort „Gott" bedeute (nämlich ein Wesen mit allen Vollkommenheiten, darunter logischerweise derjenigen, tatsächlich zu existieren), müsse unweigerlich erkennen, daß es einen Gott gebe. Tatsächlich wurden von den Philosophen immer wieder Versuche unternommen, das Dasein Gottes von der Definition des Wortes „Gott" her zu beweisen, von Anselm von Canterbury im Jahrhundert vor Thomas bis herauf in unsere Tage. Thomas selbst lehnte derlei Versuche ab; er sagt, die Überzeugung, Gottes Dasein sei selbst-evident, beruhe in erster Linie darauf, daß die Menschen von frühester Kindheit daran gewöhnt seien, von Gott reden zu hören. Da Gottes Dasein nicht selbst-evident sei, bedürfe es des Beweises; und Thomas liefert zwei langatmige und komplizierte Beweise, die er aus der *Physik* des Aristoteles ableitet. Sodann beweist er verschiedene Wahrheiten über das Wesen Gottes: Gott sei ewig, unwandelbar, immateriell und aus nichts zusammengesetzt. Er betont, alle diese Wahrheiten seien grundsätzlich negativer Natur; sie sagten uns, wie Gott *nicht* sei; eine wirkliche Einsicht in seine Natur könnten sie nicht erschließen.

Dennoch seien uns einige positive Aussagen über Gott möglich, vorausgesetzt, wir seien uns darüber im klaren, was wir tun, wenn wir Sätze mit „Gott" als Subjekt bilden. Die Worte, die wir zur Beschreibung Gottes und der Geschöpfe benützten, würden nicht auf beide im selben Sinn angewandt. (Um eines von Thomas' Beispielen aufzugreifen: Wir meinen nicht genau das gleiche, wenn wir die Sonne „hell" nennen oder eine bestimmte Farbe auf einem gemalten Bild als „hell" bezeichnen.) Wenn wir andererseits sagen: „Gott ist weise", und genauso: „Sokrates ist weise", ist das nicht bloß eine Spielerei mit Worten. Mit der

Begrifflichkeit von Thomas gesprochen: Wenn wir Gott Eigenschaften zusprechen, die wir auch von Menschen aussagen, also etwa: er sei gütig oder weise oder liebevoll, dann verwenden wir diese Worte nicht univok (eindeutig) und auch nicht äquivok (doppeldeutig), sondern *analog*. Verständigen wir uns aber auf einen analogen Sprachgebrauch, dann können wir über Gott vieles aussagen: Wir können von seiner universalen Kenntnis jeglicher Wahrheit sprechen, seinem Wissen um jeden einzelnen Menschen sowie seinem Wissen von jedem vergangenen, gegenwärtigen oder künftigen Ereignis; und wir können von seinem freien und souveränen Willen und seiner Liebe zu sich selbst und seinen Geschöpfen sprechen. Im I. Buch der *Summa contra Gentiles* geht es weithin darum, solche analogen Wahrheiten über Gottes Verstand und Willen zu formulieren.

Buch II behandelt eine weitere Eigenschaft Gottes: seine Allmacht. Darin wird erörtert, in welchem Sinn man von Gott sagen könne, er sei zu allem fähig, selbst wenn er nicht sterben oder sich ändern oder etwas bereuen oder die Vergangenheit ungeschehen machen oder einen weiteren Gott erschaffen könne. In diesem Buch geht es vorrangig nicht um die Eigenschaften Gottes an sich, sondern um Gottes Beziehung zur Welt. Es entwickelt die These, Gott habe die Welt aus nichts erschaffen. Diese Lehre findet sich nicht bei Aristoteles, sondern stammt überlieferungsgeschichtlich aus der jüdischen und christlichen Reflexion über das Buch Genesis. Thomas glaubte, die Vernunft könne zeigen, daß die Welt erschaffen sei, aber nicht, daß die Welt in der Zeit einen Anfang habe. Die sich selbst überlassene Vernunft könnte auch zum Schluß kommen, die Welt habe wahrscheinlich schon immer existiert. Aber auch dann wäre sie immer noch von Gott erschaffen, und zwar in dem Sinn, daß sie zu ihrem Dasein unablässig von ihm abhängig wäre und nicht aus einem Material bestünde, dessen Dasein von seinem Wohlwollen unabhängig wäre.

Aristoteles hatte geglaubt, er könne nachweisen, daß der Kosmos von Ewigkeit her bestanden habe. Da nun der katholische Glaube lehrte, die Welt habe einen Anfang in der Zeit, mußte irgend etwas an den Gründen, die zum Beweis ihrer Ewigkeit angeführt wurden, nicht stimmen, dachte Thomas. So widmete er sieben dichte Kapitel (31 bis 37) ihrer Widerlegung. Andererseits ist es falsch, dachte er weiter, mit Vernunftgründen beweisen zu wollen, daß die Welt tatsächlich in der Zeit einen Anfang gehabt habe. So widmete er ein Kapitel der Widerlegung der diesbezüglichen Argumente. Sodann wandte er sich von der Frage der Erschaffung der Welt (also der Frage: „Warum gibt es überhaupt etwas?") ab und statt dessen der Frage zu, die er als die „Verschiedenheit" oder „Differenzierung" (*distinctio*) der Welt bezeichnet (also der Frage: „Warum gibt es die bestimmten Arten von Dingen, die es gibt?"). Er kritisierte einige mehr oder weniger evolutionär ausgerichtete Vorstellungen vom Ursprung der Arten: Die Verschiedenheit und Vielfalt an Dingen, die es in der Welt gebe, behauptete er, verdankten wir einer wohlüberlegten Absicht Gottes, das geschaffene Universum so hierarchisch vollkommen wie nur möglich einzurichten.

Ein Großteil von Buch II ist dem Thema der „vernünftigen Substanzen" gewidmet: den Engeln und den Seelen der Menschen. Thomas setzt die außerirdischen Intelligenzen, denen die griechischen Philosophen die Verursachung der Phänomene der Astronomie zugeschrieben hatten, mit den Engeln oder Gottesboten gleich, von denen gelegentlich in der Bibel die Rede ist. Es handele sich dabei um immaterielle, unvergängliche, lebendige und freie Geschöpfe, die nicht mit einem Körper vereint seien. Die Seelen der Menschen seien ebenfalls spiritueller Natur und unsterblich, aber individuell mit einem Körper vereint. Die Seele sei aber nicht einfach in einen Körper gekleidet noch in einen Körper gesperrt, sondern sie sei die „Form" des Körpers, das heißt das, was den Körper zu einem lebendigen Körper von der

25

Art mache, wie er sei, also so ähnlich wie die Form eines Schlüssels diesen zum Schlüssel für eine ganz bestimmte Tür mache oder die Tonhöhe eine Note zu der besonderen Note mache, die sie sei.

Nach Thomas' Auffassung haben auch Tiere und Pflanzen eine Seele, aber anders als die Seelen der Menschen seien diese nicht unsterblich oder von ihren Körpern ablösbar. Obwohl die Menschen wie die Pflanzen wachsen und sich wie die Tiere ernähren und vermehren, hätten sie keine Pflanzen- und Tierseele neben ihrer unsterblichen Seele; vielmehr sei im Menschen eine einzige Formkraft, nämlich seine Vernunftseele.

An dieser Stelle bietet Thomas viel Energie auf, um gegen einige arabische Interpretationen des Aristoteles zu argumentieren, denen zufolge es nur einen einzigen Verstand für das ganze Menschengeschlecht gebe, einen Verstand, der unabhängig und verschieden von den Seelen der einzelnen Menschen sei. Für Thomas ist die Feststellung wichtig, daß die höchsten Vernunftfähigkeiten des Menschen zur Ausstattung der individuellen Menschenseele gehören, denn er beruft sich auf diese vernunftmäßigen Seelenkräfte, wenn er im Schlußteil des Buches die Unsterblichkeit der individuellen Seele zu beweisen sucht. Die menschliche Seele sei zwar unsterblich, existiere aber nicht vor dem Entstehen des menschlichen Körpers, zu dem sie gehöre. Auch werde sie nicht von den Eltern geerbt, wie das bei den Körpermerkmalen der Fall sei: Sie werde nicht mit dem Samen übertragen, sondern im Fall jedes einzelnen Menschen von Gott neu erschaffen.

Das III. Buch beginnt mit einer Erwägung von Gut und Böse. Gott sei das höchste Gute und die Ursache alles anderen Guten; ein höchstes Böses dagegen gebe es nicht. Böse Dinge seien gewissermaßen ohne Ursache, weil sie nicht auf dieselbe Weise Realitäten wie die guten Dinge seien. Beim Bösen handele es sich um einen Defekt an den von Gott verursachten Geschöpfen. Alle

Dinge existierten um Gottes willen; Gott sei ihr Ende oder Ziel. Unabhängig davon, ob sie mit Intelligenz begabt seien oder nicht, seien alle Geschöpfe Spiegel des Gutseins Gottes, soweit sie sich ihrer Natur entsprechend entwickelten; zudem fänden die mit Intelligenz ausgestatteten Geschöpfe ihre Erfüllung im Erfassen und Beschauen Gottes. Menschliches Glück sei weder in sinnlichem Vergnügen, in Ehren, Berühmtheit, Reichtum oder weltlicher Macht noch in der Ausübung von Kunstfertigkeiten oder moralischer Tugend zu finden; vielmehr bestehe es in der Erkenntnis Gottes, und zwar nicht in derjenigen, die man mittels menschlichen Vermutens, der Überlieferung oder des gründlichen Nachdenkens gewinnen könne, sondern in der Schau des göttlichen Wesens. Er könne nachweisen, glaubt Thomas, daß diese Schau im kommenden Leben mittels einer übernatürlichen Erleuchtung durch Gott möglich sein werde. Die Kapitel 50 bis 63 handeln von dieser seligmachenden Schau. Im gegenwärtigen Leben stelle ihre engste Entsprechung die philosophische Schau dar, in der Aristoteles zufolge das höchste Glück bestehe.

Eine längere Ausführung über die göttliche Vorsehung und ihre Auswirkungen auf alle Hierarchien der geschaffenen Dinge führt zu einer ausführlichen Erörterung des Verhältnisses zwischen dem Lauf der Himmelskörper und den Ereignissen des menschlichen Lebens. Thomas stellt nicht in Abrede, daß die Himmelskörper das Verhalten der Menschen beeinflussen könnten – immerhin könne mich eine heiß strahlende Sonne bewegen, meinen Mantel auszuziehen –, aber er vertritt den Standpunkt, sie beeinflußten den Menschen nicht auf die Weise, daß sie seine Wahlmöglichkeiten determinierten und eine Wissenschaft der Astrologie ermöglichten. Magie allerdings sei durchaus möglich; aber Magier wirkten nicht mittels der Kraft der Gestirne, sondern mit Hilfe von Dämonen, also gefallenen Engeln.

Sodann führt Thomas mit überraschender Kürze den Begriff eines göttlichen Gesetzes ein, das uns verpflichte, Gott und unseren Nächsten zu lieben, den wahren Glauben anzunehmen und Gott anzubeten. Fünf Kapitel widmet er der Sexualethik. Er spricht von der Sündhaftigkeit der Unzucht und der Empfängnisverhütung, von der Unauflöslichkeit der Ehe und der Notwendigkeit der Monogamie und schließlich vom Inzestverbot. Darauf folgt eine engagierte Darstellung der freiwilligen Armut, was ein eindeutiges Echo der damaligen Kontroversen zu Paris ist.

Das Buch schließt mit einer Abhandlung über Lohn und Strafe zwischen Gott und Menschen und zwischen den Menschen untereinander; der Mensch bedürfe der Gnade oder des übernatürlichen göttlichen Beistands, wenn er ganz von der Sünde freikommen und in der Tugend verharren wolle. Wer in der Tugend verharre und sein Endziel erreiche, sei von Ewigkeit her von Gott dazu vorherbestimmt gewesen; und wer infolge seiner Sünden das Glück verfehle, sei von Ewigkeit her verworfen. Diese Notwendigkeit der Gnade und der Vorherbestimmung für das Erreichen des endgültigen Glücks betrachtet Thomas als eine Wahrheit, die sich mit der natürlichen Vernunft beweisen lasse, wenn man nur genügend Scharfsinn, Zeit und guten Willen darauf verwende. Auf die Lehren, von denen Thomas glaubt, sie lägen außer Reichweite des menschlichen Verstands und seien Glaubensartikel, kommt er erst im IV. Buch zu sprechen.

Dieses IV. Buch besteht aus drei Teilen, die den ersten drei Büchern entsprechen. Hatte Buch I das behandelt, was die Vernunft über Gottes eigene Natur sagen könne, so wird im 1. Teil von Buch IV vorgestellt, was der Glaube über Gottes Eigenleben offenbare, nämlich die Lehre von der Dreifaltigkeit. Buch II hatte Gottes Wirken in der geschaffenen Welt behandelt, und so kommt im 2. Teil von Buch IV die Lehre von der Inkarnation zur Sprache, derzufolge Gott in die geschaffene Welt gekommen sei, indem er in Jesus Christus Fleisch angenommen habe. Buch III hatte das Ziel des menschlichen Lebens erörtert sowie den Weg dorthin, indem man dem natürlichen Gesetz gehorche; der Schlußteil von Buch IV behandelt die Auferstehung des Leibes in Herrlichkeit sowie die Sakramente der Kirche, die dazu da seien, den Sündern auf ihrem Weg zum Himmel Hilfe zu leisten.

Thomas legt in der *Summa contra Gentiles* eine sehr gründliche Kenntnis des Aristoteles an den Tag. Während der Niederschrift dieses Werkes merkte er immer deutlicher, wie unbefriedigend viele der lateinischen Übersetzungen seiner damals im Umlauf befindlichen Werke waren. 1261, als er zu Orvieto am Hof von Urban IV. weilte, lernte er die neue und ausgezeichnete Übersetzung des Traktats von Aristoteles über die Tiere kennen, die der flämische Dominikaner Wilhelm von Moerbeke angefertigt hatte. Er verwendete sie unverzüglich für seinen Text. Moerbeke erstellte auf Thomas' Drängen hin im Laufe der darauffolgenden zehn Jahre verbesserte Fassungen eines Großteils der Werke des Aristoteles. Auf der Grundlage von Moerbekes korrigierten Übersetzungen konnte Thomas später seine eigenen Aristoteleskommentare schreiben. Er selbst war nicht des Griechischen mächtig, sah sich aber durch die ökumenischen Interessen Urbans IV. gezwungen, sich mit den Schriften der griechischen Theologen und den Akten der griechischen Kirchenkonzilien vertraut zu machen. Diese Forschungen haben im Schlußteil der I. *Summa* ihre Spuren hinterlassen; in einer Monographie mit dem Titel *Gegen die Irrtümer der Griechen*, die er auf Papst Urbans Bitte hin verfaßte, nahmen sie ausdrückliche Gestalt an. Weitere Zitate von griechischen Theologen flocht er in einen fortlaufenden Kommentar zu den Evangelien ein, der aus Väterzitaten zusammengesetzt ist. Diesen Kommentar begann Thomas ebenfalls für Papst Urban, und er setzte ihn nach dem Tod des Papstes noch mehrere Jahre lang fort. Er ist unter dem Namen *Catena Aurea* oder *„Goldene Kette"* bekannt und wurde als ein fast vollkommener Überblick über die patristische Schriftauslegung bezeichnet.

Wie die Tradition wissen will, wurde Thomas von Papst Urban IV. auch als Verfasser von Gebeten und Hymnen angestellt. Im Jahre 1264 führte der Papst das neue Fronleichnamsfest zu Ehren des Altarsakraments ein, in dem nach katholischem Glauben Brot und Wein in Leib und Blut Christi verwandelt werden. Die drei Hymnen, die Thomas für die Liturgie dieses Festes schuf, erfreuen sich seit damals bei den Römisch-Katholiken großer Beliebtheit. Seine Dichtkunst kombiniert auf bemerkenswerte Weise eine theologische Begrifflichkeit von hoher scholastischer Manier mit gelehrten Anspielungen auf die Bibel und religiösem Empfinden, das Thomas auf konzentrierte und lebendige Weise in Worte zu fassen versteht. Die Sequenz *Lauda Sion Salvatorem* der Fronleichnamsmesse ist, ganz anders als seine von sachlicher Klarheit geprägte theologische Prosa, von einer geradezu tänzerischen Dynamik erfüllt. Ein anderer eucharistischer Hymnus von Thomas, *Adoro te Devote*, wurde von Gerard Manley Hopkins in ebenso lebendiges Englisch übersetzt. Eine Strophe sei als Kostprobe zitiert:

Seeing, touching, tasting are in thee deceived;
How says trusty hearing? that shall be believed;
What God's Son hath told me, take for truth I do;
Truth himself speaks truly or there's nothing true.[*]

Keiner der Bewunderer des Thomas von Aquin würde behaupten wollen, er sei ein großartiger Dichter; aber seine Poesie

---

[*]Anm. d. Übers.: Im deutschen Einheitsgesangbuch findet sich unter Nr 546 eine deutsche Fassung von Petronia Steiner 1951; darin lautet diese Strophe:

Augen, Mund und Hände täuschen sich in dir,
doch des Wortes Botschaft offenbart dich mir.
Was Gott Sohn gesprochen, nehm ich glaubend an;
er ist selbst die Wahrheit, die nicht trügen kann.

Beim dritten Fronleichnamshymnus des Thomas von Aquin handelt es sich um den Gesang *Pange, lingua, gloriosi Corporis mysterium*, der sowohl lateinisch wie in deutscher Übersetzung bis heute gesungen wird; namentlich auch bei eucharistischen Andachten die 5. und 6. Strophe daraus: *Tantum ergo ...* bzw. *Genitori, Genitoque...*

ist so grundverschieden von seinen Prosawerken, daß jeder sie kennenlernen sollte, der einen Eindruck von seiner Gesamtpersönlichkeit erhalten möchte.[**]

Im Jahre 1265, nach dem Tod von Papst Urban, wurde Thomas nach Rom geschickt, um dort ein Studienhaus für Dominikaner zu eröffnen. So verbrachte er zwei Jahre als Lehrer der Theologie zu Santa Sabina, einer der schönsten und anmutigst gelegenen Kirchen der Stadt. Die gehaltvollste Frucht seines Wirkens in Rom ist eine Reihe von zehn *Quaestiones Disputatae*, die nach der ersten davon benannt sind: *Über die Macht Gottes*. In den ersten sechs dieser Fragen geht es mit großer Tiefe um die Probleme bezüglich der Allmacht und Schöpfung, die bereits im II. Buch der *Summa contra Gentiles* angesprochen worden waren; die übrigen vier befassen sich mit Themen der Lehre über die Dreifaltigkeit, die zwischen griechischen und lateinischen Theologen strittig waren. Die längste und interessanteste Disputation ist diejenige über die dritte Frage bezüglich der Schöpfung; sie besteht aus 19 Artikeln.

Diese Fragen *Über die Macht Gottes* zeigen zwar ein ausgereifteres Denken als diejenigen *Über die Wahrheit*, aber sie sind weniger lebendig und interessant. Das liegt zweifellos am Unterschied zwischen der Hörerschaft in einer der weltweit führenden Universitäten und der Hörerschaft in einem bescheidenen Provinzstudienhaus. In denselben Zeitabschnitt gehört vermutlich eine weitere Reihe von *Quaestiones disputatae*, nämlich *Über das Böse*. Beide Reihen von Fragen nehmen in einigen Punkten das

---

[**] Thomas scheint sogar, vielleicht ohne es zu merken, eine neue Versform geschaffen zu haben: den Limerick. Ein von ihm verfaßtes Dankgebet enthält die folgenden Zeilen:

Sit vitiorum meorum evacuatio

Concupiscentiae et libidinis exterminatio

Caritatis et patientiae

Humilitatis et obedientiae

Omniumque virtutum augmentatio.

Denken im abschließenden Meisterwerk des Thomas von Aquin, seiner *Summa Theologiae* oder *Zusammenfassende Gesamtdarstellung der Theologie,* vorweg: Die Fragen über die Macht Gottes entsprechen dem I. Teil der *Summa,* während die Fragen über die sieben Todsünden Teilen des II. Teils entsprechen.

Die *Summa* selbst scheint anfänglich das Ergebnis von Thomas' Erfahrungen mit seiner Lehrtätigkeit in Rom gewesen zu sein. Sie war als Lehrbuch für Anfänger im Theologiestudium gedacht und sollte die *Sentenzen* des Petrus Lombardus ersetzen. Dem heutigen Leser kommt es ziemlich merkwürdig vor, daß dies ein Text für den Einstieg sein soll, und das nicht nur wegen seines Umfangs – obwohl gar nicht vollendet, umfaßt er schon über zwei Millionen Wörter –, sondern auch angesichts seiner ausgefeilten Form und vielen Fachausdrücke. Er stellt eine Mischung aus systematischem Traktat und thematischer Sammlung von *Quaestiones disputatae* dar. Wie eine Disputation ist er nicht in Kapitel, sondern in Fragen und Artikel unterteilt, aber die vielfältigen Argumente für und gegen eine bestimmte These, die am Anfang einer echten Disputation stehen, sind durch eine einleitende Trias aus Einwänden gegen den Standpunkt ersetzt, den Thomas im Hauptteil *(corpus)* des Artikels einzunehmen gedenkt. Auf diese Einwände folgt gewöhnlich ein einziges, fast zeremoniell vorgetragenes Argument für die Gegenmeinung, das mit den Worten eingeleitet wird: „Aber andererseits…", und normalerweise besteht es aus dem Zitat eines allgemein anerkannten Textes. Erst danach legt Thomas im Hauptteil des Artikels seinen eigenen Standpunkt dar und führt dafür die Gründe an, die für ihn sprechen. Jeder Artikel wird dann abgeschlossen, indem zu den in der Einleitung aufgeführten Einwänden der Reihe nach Stellung genommen wird.

Auf ihre Art ist die *Summa* ein Meisterwerk philosophischen Stils. Die Vorgehensweise, jedes Thema mit den drei stärksten Argumenten gegen den zu vertretenden Standpunkt einzuleiten, muß für den Verfasser eine großartige Übung gewesen sein. Auf jeden Fall besteht darin für den Leser ein faszinierender Anreiz. Hat man sich erst einmal an die Syntax des mittelalterlichen Latein und die terminologische Eigenart des scholastischen Jargons gewöhnt – was natürlich keine Erfindung von Thomas war, sondern zum damals üblichen Diskurs gehörte –, merkt man, wie ruhig, klarsichtig, bedächtig und scharfsinnig sein Stil ist. Wenn er über unklare metaphysische Dinge schreibt, gerät Thomas gelegentlich etwas in Verwirrung; aber fast nie verfällt er in bloße Rhetorik.

Von den drei gewaltigen Teilen, aus denen die *Summa* besteht, wurde nur der erste in Italien geschrieben; fertiggestellt wurde er höchstwahrscheinlich in Viterbo, kurz nachdem Thomas im Jahre 1267 wieder an den päpstlichen Hof zurückgekehrt war. Die meisten der 119 Artikel des I. Teils behandeln die gleiche Thematik wie die Bücher I und II der *Summa contra Gentiles*. Aber da es sich bei der Leserschaft, für die dieses Werk gedacht ist, jetzt um katholische Theologiestudenten handelt und nicht mehr um potentielle Konvertiten vom Islam oder Judentum, kann Thomas darin die Lehre über die Dreifaltigkeit im Traktat über die Natur Gottes entfalten, statt sie getrennt davon in einem eigenen Buch über die Glaubensgeheimnisse zu behandeln. Dennoch achtet er weiter sorgfältig darauf, zwischen Wahrheiten der natürlichen Theologie, die der Vernunft zugänglich sind, und Geheimnissen, die nur durch Offenbarung erschlossen und kraft übernatürlichen Glaubens geglaubt werden können, zu unterscheiden.

Der I. Teil der *Summa* ist knapper und zugleich klarer und reichhaltiger als die entsprechenden Abschnitte der *Summa contra Gentiles*. So ersetzt er zum Beispiel die beiden Gottesbeweise des Aristoteles aus dem früheren Werk durch die klareren, geradlinigeren und berühmteren Fünf Wege, die zumindest auf den ersten Blick weniger auf griechischen astronomischen Spekulationen beruhen. Genauso ist der Traktat über die Natur des Menschen, der die Fragen 75 bis 102 der späteren *Summa* umfaßt, viel inhaltsreicher und systematischer als der entsprechende Abschnitt im II. Buch des früheren Werks, und er ist verhältnismäßig weniger stark mit Kritik an der arabischen Auslegung der Psychologie des Aristoteles befrachtet. Nicht daß Thomas das Interesse an Aristoteles verloren hätte. Ganz im Gegenteil ließ er sich ständig von dessen Gedanken inspirieren, wobei er auf die Traktate und Kommentare zurückgriff, die von Wilhelm von Moerbeke in Viterbo übersetzt wurden.

Während der Abfassung des I. Teils der *Summa* begann Thomas mit der Arbeit an einem politischen Traktat. Er trug den Titel *Über das Königtum* und war einem rätselhaften, möglicherweise gar nicht existierenden „König Heinrich von Zypern" gewidmet. Verfaßt wurde der Traktat auf dem Herrschaftsgebiet des Papstes, während sich die Päpste gerade dem Schutz der französischen Königsfamilie unterstellten, um sich gegen die Bedrohung seitens der Hohenstaufenkaiser und ihrer Anhänger abzusichern. In „Über das Königtum" werden Grundsätze für die Amtsausübung weltlicher Herrscher entwickelt, und zwar auf eine Weise, daß unzweifelhaft klargestellt wird, der Königsstand unterstehe dem Priesterstand und folglich erfreue sich der Papst der weltlichen wie der geistlichen Oberhoheit. Thomas hinterließ dieses Werk bei seinem Tod unvollendet; später wurde es vom Historiker Tolomeo von Lucca vervollständigt.

Während dieser Zeit zu Viterbo wurde Thomas angeboten, Erzbischof von Neapel zu werden, aber er lehnte ab. 1268 wurde er wieder auf seinen früheren Lehrstuhl zu Paris zurückberufen. Dort war gerade wieder ein neuer Angriff gegen die unbeliebten Predigerbrüder im Gange; außerdem brachte eine ultra-aristotelische Bewegung die Art Synthese von Aristoteles und Christentum in Verruf, um die sich Thomas in Werken wie seinen beiden *Summae* bemühte.

Wie schon zuvor gehörten in Paris zu Thomas von Aquins Pflichten als Professor Vorlesungen über die Bibel und der Vorsitz bei scholastischen Disputationen. In dieser Zeit scheint er Vorlesungen über das Johannesevangelium und die Paulusbriefe gehalten zu haben. Sein Kommentar zum Römerbrief des Paulus gehört zu den meistgelesenen seiner Schriften über die Bibel. Kurz nach seiner Ankunft leitete er die Disputationen, die in den *Quaestiones Disputatae über die Seele* aufgezeichnet sind. Spätere Disputationen während dieses zweiten Aufenthalts in Paris behandelten die „theologischen Tugenden" Hoffnung und Liebe sowie die „Kardinaltugenden" Klugheit, Mäßigung, Stärke und Gerechtigkeit. Diese letzteren Disputationen betrafen Themen, die auch zum Stoff des II. Teils der *Summa* gehören. Immer im Advent und in der Fastenzeit veranstaltete Thomas *Quodlibet*-Disputationen über verschiedene Fragen zu ganz unterschiedlichen Themen. Diesem Zeitraum werden gewöhnlich die *Quodlibets* 1 bis 6 und 12 zugeordnet. Zur ersten Reihe aus der Fastenzeit 1269 gehören Fragen wie diejenigen, ob Mönche verpflichtet seien, Vegetarier zu sein, ob man die sakramentale Beichte auch in schriftlicher Form ablegen könne oder ob ein Engel von einem Punkt zu einem anderen gehen könne, ohne dazwischenliegende Punkte durchqueren zu müssen.

Im selben Zeitraum schrieb Thomas von Aquin zwei polemische Verteidigungsschriften gegen Kritiker von Ordensgemeinschaften wie den Dominikanern. Insbesondere verteidigt er die Zulassung von Knaben vor ihrer Pubertät zum Ordensleben, eine Praxis, die Anlaß zu heftigen Attacken gegeben hatte. Für philosophisch interessierte Leser sind jedoch andere polemische Werke aus dieser Zeit, die er zur Verteidigung des christlichen Aristotelismus schrieb, von größerem Interesse.

Die Logik des Aristoteles war an lateinischen Universitäten schon gelehrt worden, seit es diese Universitäten gab; seine Schriften über Physik und Metaphysik dagegen hatten die kirchlichen akademischen Autoritäten als fragwürdig, ja gefährlich betrachtet. Tatsächlich enthielten die Pariser Statuten von 1215 ausdrücklich das Verbot, daß die Professoren an der Fakultät der Künste überhaupt über sie lehrten. Diese Verurteilung wurde 1231 und 1263 durch päpstliche Bullen bekräftigt, doch scheinen diese Verbote bereits gegen Mitte des Jahrhunderts nur noch auf dem Papier wirksam gewesen zu sein. Tatsächlich schrieb die Fakultät der Künste 1255 allen ihren Mitgliedern das Studium aller bekannten Werke des Aristoteles verpflichtend vor.

Während der ersten Zeit seiner Pariser Professur war für Thomas die Verwendung der Metaphysik des Aristoteles noch ein Vorrecht seiner eigenen Zunft, derjenigen der Theologen, gewesen. Doch zur Zeit, da er zum zweiten Mal in Paris antrat, waren die energischsten Vertreter des Aristotelismus die Berufsphilosophen an der Fakultät der Künste. Diese philosophischen Aristoteliker ließen nicht die gleiche Vorsicht wie die Theologen walten, die sich bemüht hatten, jene Thesen des Aristoteles, die in Konflikt mit der christlichen Lehre gerieten, abzumildern oder beiseitezulassen. Gegen 1270 waren es vor allem zwei Themen, die zu den lebhaftesten Meinungsverschiedenheiten führten: die Individuation des Verstands und die Ewigkeit der Welt.

In der aristotelischen Psychologie, wie sie der Meister in *De Anima* (*Über die Seele*) entwickelte, und in den Kommentaren griechischer und arabischer Gelehrter darüber gibt es drei verschiedene Inhalte, die auf unterschiedliche Weise dem entsprechen, was wir als „Geist" bezeichnen. Der Geist als Objekt der Innenschau war als die Imagination oder Vorstellungskraft bekannt; der Geist als Vorratslager von Ideen und Ort erworbener Verstandeserkenntnisse wurde als der „rezeptive Verstand" bezeichnet; und der Geist als die Fähigkeit, von Sinneserfahrungen verstandesmäßige Informationen zu abstrahieren, wurde der *intellectus agens*, der „tätige Verstand" genannt. Die Frage nach dem Verhältnis zwischen diesen drei Weisen von Verstand wird von

Aristoteles offen gelassen. Wie wir bereits gesehen haben, deutete Thomas von Aquin in der *Summa contra Gentiles* diese Theorie dahingehend, daß nicht nur die Vorstellungskraft, sondern auch der rezeptive und der tätige Verstand Kräfte oder Fähigkeiten der individuellen Menschen seien. Der arabische Philosoph Ibn Sina oder Avicenna (980–1037) dagegen hatte die Position vertreten, es gebe für das gesamte Menschengeschlecht nur einen einzigen tätigen Verstand. Manche Christen griffen diese Vorstellung ganz gern auf und setzten den tätigen Verstand mit jener göttlichen Erleuchtung des menschlichen Geistes gleich, die der heilige Augustinus so beredt beschrieben hatte. Aber der Philosoph Ibn Ruschd oder Averroes (1126–1198) lehrte, nicht nur der tätige Verstand, sondern auch der rezeptive Verstand sei etwas, an dem das Menschengeschlecht insgesamt teilhabe, statt daß ihn jeder einzelne Mensch für sich besitze. Als diese Version der aristotelischen Psychologie an der Fakultät der Künste in Paris gelehrt wurde, brachte sie ihre Verfechter in Konflikt mit den kirchlichen Autoritäten, da sie den Glauben an eine persönliche Unsterblichkeit zu untergraben schien.

Es ist höchst zweifelhaft, ob man Aristoteles selbst tatsächlich die Theorie zuschreiben kann, es gebe nur einen einzigen, allen gemeinsamen Verstand; kein Zweifel dagegen besteht bezüglich der zweiten heiß umstrittenen Lehre, derjenigen der Ewigkeit der Welt: Das hat Aristoteles tatsächlich gelehrt. Wie wir gesehen haben, hatte Thomas von Aquin in der *Summa contra Gentiles* sorgfältig darauf geachtet, sich selbst von dieser Lehre zu distanzieren. Aber die Aristoteliker an der Pariser Fakultät der Künste um das Jahr 1260 waren gewillt, sie zu verfechten. Sie wurden von einem jungen Franziskanertheologen namens Johannes Peckham angegriffen, der später Erzbischof von Canterbury werden sollte. Peckham behauptete, man könne mit Vernunftgründen beweisen, daß es eine Zeit gegeben habe, in der Gott existiert habe, die Welt dagegen nicht.

37

Thomas mußte nun seinen eigenen gemäßigten Aristotelismus gegen Angriffe von beiden Seiten verteidigen. Gegen die Bewunderer des Averroes schrieb er einen Traktat mit dem Titel *Über die Einheit des Verstands*. Darin legte er den Text von Aristoteles und die Anmerkungen seiner Kommentatoren aus und führte eine ganze Batterie von philosophischen Argumenten ins Feld, um die Theorie zu widerlegen, es gebe nur einen einzigen rezeptiven Verstand. Doch zur Verteidigung des Aristoteles und gegen Peckham schrieb er *Über die Ewigkeit der Welt* und argumentierte darin, daß die Theorie, die Welt sei anfangslos, nicht in sich widersprüchlich sei. Daß die Schöpfung zu einem bestimmten Zeitpunkt stattgefunden habe, sei etwas, was man im Glauben annehmen müsse und nicht mit dem Verstand beweisen könne.

Diese beiden Traktate entstanden 1269 oder 1270. Am 10. Dezember 1270 verurteilte der Bischof von Paris eine Liste von dreizehn Lehraussagen. Als ersten nennt sie den Satz „Der Verstand aller Menschen ist numerisch einer und derselbe", und sie enthält auch die Sätze „Die Welt ist ewig" und „Es gab nie einen ersten Menschen". Keiner der verurteilten Sätze entsprach einer Lehrmeinung, die Thomas je vertreten hätte; und mit Ausnahme dieser Sätze wurde Aristoteles als Lehrstoff grundsätzlich nicht mehr in Frage gestellt.

Der größte Dienst, den Thomas dem Aristotelismus während dieser Jahre erwies, war die beachtliche Reihe von Kommentaren über die Werke des Aristoteles, die er zwischen 1269 und 1273 verfaßt haben dürfte. Zwei der frühesten davon waren diejenigen über *De Anima* und die *Physik*; das sind die beiden Werke des Aristoteles, die für die Kontroversen über die Seele und die Ewigkeit der Welt von unmittelbarer Bedeutung waren. Die Kontroversen scheinen Thomas zur Überzeugung gebracht zu haben, das beste Gegengift gegen den heterodoxen Aristotelismus sei die gründliche Kenntnis des gesamten aristotelischen Systems. So kommentierte er Zeile für Zeile zwei Werke des Aristoteles über die Logik (*De Interpretatione* und die *Zweite Analytik*), die gesamte *Nikomachische Ethik* sowie die zwölf Bücher der *Metaphysik*. Bei seinem Tod hinterließ er unvollendete Kommentare über ein halbes Dutzend weiterer Werke des Aristoteles, darunter *De Caelo (Vom Himmel)* und die *Politik*.

Wären diese Aristoteles-Kommentare alles gewesen, was Thomas hinterlassen hätte, dann würde das genügen, ihn als Philosophen von außergewöhnlicher denkerischer Kraft und Arbeitsamkeit auszuweisen. Weil sie von fehlerhaften Übersetzungen unvollständiger Manuskripte ausgehen, sind sie zum großen Teil von Kommentaren anderer Autoren überholt, die seit dem Aufblühen der philologischen Wissenschaft im 19. Jahrhundert verfaßt wurden; aber es gibt immer noch viele dunkle Stellen in den Werken des Aristoteles, die dem Leser erhellt werden, wenn er dazu Thomas von Aquin konsultiert. Seine Kommentare sind durchweg klarsichtig, intelligent und von großer Einfühlungsgabe. Allein schon der *Metaphysik*-Kommentar, der eine halbe Million Wörter umfaßt, verdient es, als philosophischer Klassiker bezeichnet zu werden. Welchen Wert diese Kommentare eines Theologen besaßen, lernten die Philosophen der Pariser Fakultät der Künste bald schätzen. Obwohl Thomas sich energisch für die Rechte der Theologie gegen die heterodoxen Aristoteliker eingesetzt hatte, war es die Fakultät der Künste, und nicht die theologische, die bei der Ordensleitung der Dominikaner den Antrag stellte, ihn wieder nach Paris zurückzuberufen, als er 1272 Paris zum letzten Mal verließ.

Von allen Schriften des Thomas von Aquin aus der Zeit seiner zweiten Pariser Professur ist die bekannteste keine der bislang genannten, sondern der II. Teil seiner *Summa Theologiae*. Sie stellt den bei weitem größten der drei Teile dar und wird in den Ausgaben immer noch einmal unterteilt, und zwar in den „ersten Teil des zweiten Teils" (*Prima Secundae*, in den Zitatangaben immer *Ia IIae* oder – wie im vorliegenden Buch – *I–II*) und den „zweiten

Teil des zweiten Teils" (Secunda Secundae, *IIa IIae* oder *II–II*). Vom Inhalt her entspricht das dem dritten Buch der früheren *Summa*, jedoch stellt es einen viel weiteren Fortschritt gegenüber diesem dar, als ihn der erste Teil über die ersten beiden Bücher der *Summa contra Gentiles* bietet. Am besten läßt sich dieses Werk als ein christlicher Traktat über die Ethik bezeichnen; seine Struktur lehnt sich an die *Nikomachische Ethik* an, über die Thomas zur selben Zeit seinen Kommentar schrieb.

In der *Nikomachischen Ethik* geht es darum, das für den Menschen gute Leben zu beschreiben: das Leben in Glück oder *eudaimonia*. Glück ist nach Aristoteles das Tätigsein der Seele in Übereinstimmung mit der Tugend; und wie es zwei Teile der Seele gebe, einen verstandesmäßigen und einen emotionalen, so auch zwei Arten der Tugend, eine verstandesmäßige und eine moralische. Bei der Tugend, verstandesmäßiger wie moralischer, handele es sich um eine psychische Disposition, die im willentlichen Tätigsein zum Ausdruck komme, und insbesondere in Tätigkeiten, die man vorsätzlich als Bestandteil eines klar konzipierten Lebensplans wähle. Die moralische Tugend komme in der Wahl und im Einhalten eines mittleren Kurses zwischen übersteigerter oder mangelhafter Emotion und übertriebener oder unzureichender Handlung zum Ausdruck: Das ist die berühmte Lehre von der goldenen Mitte, laut der jede Tugend in der Mitte zwischen zwei einander entgegengesetzten Lastern liege. So liege zum Beispiel der Mut oder die Stärke zwischen Feigheit und Unbesonnenheit; die Mäßigung in der Mitte zwischen Ausschweifung und Gleichgültigkeit. Die Gerechtigkeit, die wichtigste der moralischen Tugenden, muß ebenfalls eine Mitte einhalten, und zwar in dem Sinn, daß jeder Mensch weder mehr noch weniger erhalte, als ihm zustehe; aber sie stehe nicht wie die anderen Tugenden zwischen zwei Lastern, sondern jedes Abweichen von der Mitte nach beiden Seiten führe immer zur Ungerechtigkeit. Die moralische Tugend hindere das ungeordnete

Gefühl daran, zu unangemessenem Tun zu führen. Die Instanz, die in jedem konkreten Fall darüber entscheide, welches Tun angemessen und welches Maß an Emotion passend ist, sei die verstandesmäßige Tugend der Klugheit oder praktischen Weisheit *(phronesis)*; diese Tugend stelle den für das Handeln zuständigen Teil des Verstandes dar. Die Tugend, mit der die theoretische Seite der einzelnen Reaktionen bezeichnet werden könne, sei das Lernen oder die philosophische Weisheit *(sophia)*; ihre erhabenste Äußerung finde sie in der mehr oder weniger einsamen Kontemplation *(theoria)*. Laut der *Ethik* besteht das höchste Glück aus einem Leben philosophischer Kontemplation; das sei zwar die höchste Form des menschlichen Lebens, aber auch in einem gewissen Sinn ein übermenschliches Leben. Eine zweitrangige Form des Glücks lasse sich in einem Leben politischer Aktivität und öffentlichen Ansehens im Einklang mit den moralischen Tugenden finden.

Thomas fand in der *Nikomachischen Ethik* vieles, was ganz im Sinn der christlichen Moralvorstellungen seiner Zeit war; tatsächlich war ja etliches davon über verschiedene indirekte Wege ein Erbe der ethischen Theorien von Platon, Aristoteles und anderen griechischen Denkern. Einige der anstoßerregenden heidnischen Züge des Werkes wandelte er ab oder, wie er gesagt hätte, „legte er verträglich aus". Andere aristotelische Züge fügte er derart erfolgreich in seine Synthese ein, daß sie einige seiner späteren katholischen Bewunderer für hausgemachte Eigenschaften der christlichen Überlieferung hielten.

Die *Prima Secundae* beginnt wie die *Nikomachische Ethik* damit, daß sie die Frage nach dem letzten Ende oder Ziel des menschlichen Lebens erörtert. Für Thomas wie für Aristoteles ist dieses letzte Ziel das Glück, und wie Aristoteles ist er der Überzeugung, Glück könne nicht mit Annehmlichkeiten, Reichtum, Ehren oder irgendeinem physischen Gut gleichgesetzt werden, sondern müsse aus einer Tätigkeit bestehen, die im Einklang mit der Tugend, vor allem der verstandesmäßigen Tugend, sei. Die einzige intellektuelle Tätigkeit, die den aristotelischen Ansprüchen an das Glück vollkommen entspreche, sei die Kontemplation des Wesens Gottes; dagegen müsse das Glück unter den gewöhnlichen Umständen des gegenwärtigen Lebens immer unvollkommen bleiben. Folglich läßt sich selbst nach Vorstellung des Aristoteles wahres Glück nur in den Seelen der Seligen im Himmel finden. Wenn die Zeit gekommen sei, erhielten die Heiligen sogar noch eine Steigerung ihres Glücks, von der Aristoteles noch gar keine Ahnung gehabt habe: Bei der Auferstehung würden ihre Körper in Herrlichkeit wiederhergestellt.

Aus Aristoteles' Versuch zu definieren, was Tugend sei, wurde eine Erörterung über die Natur der menschlichen Willenstätigkeit; der systematischere Thomas stellt seiner Darstellung der Tugend je einen kompletten Traktat über das Tätigsein und das Gefühl voran. In den Fragen 6 bis 17 behandelt er die Natur des Tätigseins; er analysiert Begriffe wie Freiwilligkeit, Absicht, Wahl, Abwägung, Tun und Wunsch, und das mit einer Gründlichkeit, die gegenüber Aristoteles einen großen Fortschritt darstellt. Diese Fragen bieten eine philosophische Abhandlung über die Natur des menschlichen Willens, die den Vergleich mit allem, was inzwischen weiter darüber geschrieben wurde, nicht zu scheuen braucht. Mit Frage 18 wendet sich Thomas von der philosophischen Psychologie der Moralphilosophie zu: Er stellt die Frage, was eine menschliche Handlung zu einer guten oder zu einer schlechten Handlung mache. Die Fragen 18 bis 21 machen den Kern seiner Ethik aus; zusammen mit den Gedanken über die Tugend in den Fragen 49 und 50 schaffen sie den Rahmen, innerhalb dessen dann die Erörterung spezieller moralischer Themen stattfinden kann. Nach Aristoteles ist die Tugend nicht nur eine Frage des Tuns, sondern auch der Gefühle. Folglich widmet Thomas die Fragen 22 bis 48 der Behandlung der Emotionen oder Leidenschaften der Seele. Dieser Teil der *Summa* wird heute kaum mehr gelesen, obwohl er ausführlicher ist und an vielen Stellen größere Einsicht verrät als die besser bekannten Traktate über die Leidenschaften von Descartes und Hume.

Da es sich nach der aristotelischen Definition bei der Tugend um eine psychische Disposition handelt, leitet Thomas seine Tugendtheorie in den Fragen 49 bis 54 mit einer langen Untersuchung über die Natur der Dispositionen ein. Es ist eine sehr wichtige und originelle philosophische Untersuchung, bei der er beiläufige Äußerungen Aristoteles' und seiner Kommentatoren in ein klares System einarbeitet. Das Bewußtsein, wie wichtig es sei, die menschlichen Dispositionen oder erworbenen Verfassungen *(habitus)* des Menschen genau zu klären, ging mit dem Verfall der scholastischen Philosophie in der Renaissance verloren; erst in unserer Zeit ist es wieder erwacht, und zwar bei Sprachphilosophen wie Wittgenstein und Ryle.

Mit seiner Darstellung der Natur der Tugend selbst, mit seiner Unterscheidung zwischen moralischen und verstandesmäßigen Tugenden und mit seiner Beschreibung des Verhältnisses zwischen Tugend und Emotion hält sich Thomas enger an Aristoteles. Dann aber führt er ein genuin christliches Thema ein: die Untersuchung der theologischen Tugenden Glaube, Hoffnung und Liebe, die der heilige Paulus als Dreiheit nennt und die in der patristischen Tradition eine maßgebliche Rolle spielen. Sodann geht es um Unterschiede und Ähnlichkeiten der Tugenden des Aristoteles mit diesen neutestamentlichen Tugenden (Fragen 62 bis 67), mit den Gaben des Geistes Gottes, die an einer bekannten Stelle beim Propheten Jesaja aufgezählt werden (Frage 68), sowie mit den Tugenden, die Christus zum Erlangen der Seligkeiten in seiner Bergpredigt empfohlen hat (Frage 69). Nachdem Thomas auf diese Weise die aristotelischen Tugenden mit den Charaktereigenschaften verglichen hat, die die christliche Tradition schätzt, macht er sich daran, die von Aristoteles genannten Untugenden oder Laster mit den biblischen Vorstellungen der

Sünde zu verknüpfen. Der Sünde sind 19 Fragen gewidmet. Dieser Abschnitt ist theologischer und weit weniger philosophisch als der erste Teil der *Prima Secundae*.

Die zwei letzten Abschnitte der *Prima Secundae* sind dem Gesetz und der Gnade gewidmet. Die Fragen 90 bis 108 bilden einen theologisch-philosophischen Traktat über die Jurisprudenz: die Natur des Gesetzes; die Unterscheidung von natürlichem und positivem Recht; Quelle und Ausmaß der Vollmachten menschlicher Gesetzgeber; der Gegensatz zwischen den göttlichen Gesetzen des Alten und des Neuen Testaments. Ab Frage 109 bis zum Schluß (Frage 114) bespricht Thomas die Natur der göttlichen Gnade und die Notwendigkeit der Gnade für die Erlösung. Die *Prima Secundae* schließt mit einer kurzen Abhandlung über die Rechtfertigung des Sünders, also mit dem Thema, das zur Zeit der Reformation Katholiken und Lutheraner trennen sollte.

Stellt die *Prima Secundae* den allgemeinen Teil der Ethik von Thomas dar, so enthält die *Secunda Secundae* seine ausführliche Lehre über einzelne moralische Themen. Er nimmt sich der Reihe nach jede einzelne Tugend vor, analysiert ihre Natur und listet dann die Sünden auf, die ihr entgegengesetzt sind. Zunächst werden die theologischen Tugenden und die ihnen entsprechenden Sünden erörtert: die Tugend des Glaubens und die Sünden des Unglaubens, der Häresie und des Abfalls vom Glauben; die Tugend der Hoffnung und die Sünden der Verzweiflung und der Anmaßung; die Tugend der Liebe und die Sünden des Hasses, des Neids, der Zwietracht und der Abspaltung. Im Abschnitt über die Sünden des Unglaubens äußert Thomas auch seine Ansichten über die Verfolgung der Häretiker, und im Abschnitt über die Sünden gegen die Liebe stellt er die Bedingungen auf, unter denen ein Krieg gerechtfertigt sei (Fragen 10 und 11 bzw. 40).

Mit der Behandlung der Klugheit (47 bis 56) und Gerechtigkeit (57 bis 80) kehren wir wieder zum Schema des Aristoteles zurück. Der Traktat über die Gerechtigkeit ist weit ausführlicher und reichhaltiger als das, was man bei Aristoteles findet; er behandelt die meisten Themen, die man heute in einem Handbuch über Strafrecht finden kann: Mord, Diebstahl, unrechtmäßige Bereicherung, Beleidigung einer anderen Person, Betrug, Verleumdung, Wucher, Fehlverhalten von Richtern und Advokaten. Was Thomas dazu ausführt, ist immer scharfsinnig, lebendig, konkret und mit großer Autorität gesprochen.

In der Tradition des Aristoteles wird die Tugend der Frömmigkeit oft als verwandt mit oder als Bestandteil der Tugend der Gerechtigkeit gesehen: Es gehe darum, Gott das zu geben, was ihm zustehe. So schließt sich in der *Secunda Secundae* an den Traktat über die Gerechtigkeit ein Traktat über die Frömmigkeit oder die Religion an. Die Tugend der Religion wird in ihrer ganzen Vielfalt behandelt; die Themen reichen vom Gebet über Zehntabgaben bis zum Kauf oder Verkauf von geistlichen Ämtern und zur Zauberei. In den Fragen 106 bis 121 werden wir in eine Reihe untergeordneter Tugenden aus der *Ethik* des Aristoteles eingeführt: Ehrlichkeit, Dankbarkeit, Freundlichkeit, Großzügigkeit. Nach Thomas' Auffassung scheint es sich bei ihnen allen um Aspekte der Kardinaltugend der Gerechtigkeit zu handeln. Hierauf folgt die dritte Kardinaltugend: der Mut oder die Stärke *(fortitudo)*: Sie bietet Gelegenheit, das Martyrium zu behandeln, sowie die Großherzigkeit und die Großartigkeit. Die letzte Kardinaltugend ist die Mäßigung. Unter dieser Überschrift werden Fragen der Moral bezüglich Essen, Trinken und Sexualität erörtert.

In diesem Zusammenhang wird auch die christliche Tugend der Demut vorgestellt, womit sie sich in der etwas merkwürdigen Gesellschaft der angeblich damit verwandten aristotelischen Tugenden der Großmut und Großartigkeit vorfindet, die der Kategorie der Stärke zugeordnet waren. Die Behandlung des entsprechenden Lasters des Stolzes bietet die Gelegenheit, auf die Sünde der ersten Menschen, Adam und Eva, zu sprechen zu kommen.

Die anschließenden Fragen über Prophetie mögen scheinbar nur für Theologen, in diesem Fall für Fundamentaltheologen, von Interesse sein; tatsächlich enthalten sie einige der interessantesten philosophischen Bemerkungen von Thomas über das Verhältnis von mentalen Bildern, gedanklichen Vorstellungen und Urteilskraft. Die *Secunda Secundae* schließt wie die *Nikomachische Ethik* mit einem Vergleich zwischen dem aktiven und dem kontemplativen Leben und argumentiert zugunsten des letzteren. Das Ganze wird natürlich in einen christlichen Kontext versetzt, und so werden in einem abschließenden Teil der Status der Bischöfe und das Leben der Ordensleute erörtert.

Der zweite Teil der *Summa* ist Thomas' größtes Werk. Seine Grundlagen und Struktur sind aristotelisch, und viele einzelne Abschnitte sind stark von früheren christlichen Denkern abhängig. Aber als Ganzes betrachtet, stellt es – selbst vom rein philosophischen Standpunkt aus – einen großen Fortschritt gegenüber Aristoteles dar. Kein anderer christlicher Schriftsteller hat dieses Werk überboten, und es bietet auch noch für Menschen einer säkularen, nachchristlichen Ära viele interessante und wertvolle Elemente.

In der zweiten Phase seiner Pariser Lehrtätigkeit entwickelte Thomas von Aquin eine erstaunliche Produktivität. Die *Secunda Pars* hat einen Umfang von über einer Million Wörtern. Um sie in drei Jahren zu verfassen, muß er durchschnittlich täglich tausend Wörter daran geschrieben haben. In unserem Jahrhundert könnte ein vollberuflicher Schriftsteller mit Recht stolz auf einen derart regelmäßigen Ertrag höchst tiefgründiger, ausgefeilter Prosa voller Zitate sein. Aber während Thomas die *Summa* schrieb, hatte er die Pflichten eines vollamtlichen Professors zu erfüllen; dazu kamen diejenigen eines frommen Ordensmannes, und er schrieb auch noch Kommentare über einen großen Teil des gigantischen aristotelischen Gesamtwerks. Hält man sich die reine Masse des von ihm zwischen 1269 und 1273 Produzierten vor Augen, ist man geneigt, dem Zeugnis seines Hauptsekretärs zu glauben, er habe – wie ein Großmeister bei einem Schachturnier – die Gewohnheit gehabt, immer drei oder vier Sekretären simultan zu diktieren; ja, man könnte fast der weiteren Überlieferung glauben, er habe selbst im Schlaf zusammenhängende Texte zu diktieren vermocht.

Im Frühjahr 1272 verließ Thomas Paris, um an einer Generalversammlung der Dominikaner zu Florenz teilzunehmen. Dort wurde er mit der Aufgabe betraut, für die italienischen Dominikaner ein neues theologisches Studienhaus zu gründen. Er entschied sich dafür, dieses an das Priorat von San Domenico in Neapel anzuschließen, und dort fertigte er seine letzten wissenschaftlichen Arbeiten an. Seine Vorlesungen wurden vom König von Neapel gefördert, Karl von Anjou, dessen Bruder, der heilige Ludwig IX., Thomas' Genie in Paris zu bewundern gelernt hatte. Neben den Vorlesungen war er hauptsächlich damit beschäftigt, den Kommentar über die *Metaphysik* fertigzustellen und am III. Teil der *Summa* zu arbeiten.

Die *Tertia Pars* befaßt sich mit strikt theologischen Themen: 26 Fragen behandeln die Lehre von der Inkarnation, 4 die Jungfrau Maria, 29 das Leben Christi, 30 die Sakramente der Taufe, Firmung, Eucharistie und Buße. Wer die Philosophie des Thomas genau kennenlernen will, wäre schlecht beraten, wenn er diesen Teil seines Werks beiseite lassen würde. Die Erörterung der Inkarnation bietet nämlich Gelegenheit, über die mit der persönlichen Identität und Individuation zusammenhängenden philosophischen Fragen nachzudenken, und sie enthält Bemerkungen über die Prädikation (die Aussage von Eigenschaften vom Subjekt eines Aussagesatzes), die für heutige Logiker immer noch von Interesse sind. Die Art, wie Thomas in seinem Traktat über die Eucharistie die Lehre von der Transsubstantiation ausgearbeitet hat, war von nachhaltigem Einfluß auf die Geschichte der Theologie. Der Traktat enthält auch die Frucht seines reifen philosophischen Denkens über die Natur der materiellen Substanz und der substantiellen Veränderung.

Die *Summa Theologiae* wurde nie vollendet. Mit zunehmendem Alter hatte Thomas immer häufiger Anfälle von Geistesabwesenheit, wie mehrere Geschichten bezeugen. Bei einem Festmahl saß er neben König Ludwig IX., vergaß völlig die anderen Gäste und dachte über theologische Fragen nach, bis er schließlich mit der Faust auf den Tisch schlug und ausrief, er habe ein Argument zur Widerlegung der manichäischen Häresie gefunden. (Der höfliche König ließ seinen Sekretär holen, um das Argument schnell aufzuschreiben, bevor Thomas es wieder vergaß.) Ein anderes Mal wußte er einem Kardinallegaten, der von weither nach Neapel gereist war, um ihn kennenzulernen, kein Wort zu sagen, bis ihn ein Prälat heftig an der Kutte zupfte, um ihn wieder zu sich kommen zu lassen. Schließlich wurde ihm am 6. Dezember 1273 während des Lesens der Messe eine geheimnisvolle Erfahrung zuteil, die manche als eine Vision, andere als einen Nervenzusammenbruch gedeutet haben. Sie setzte seiner gelehrten Tätigkeit ein Ende. Er schrieb oder diktierte von da an keine Silbe mehr. Als ihn sein Sekretär drängte, die Arbeit an der *Summa* fortzusetzen, gab er zur Antwort: „Ich kann nicht, denn alles, was ich geschrieben habe, kommt mir jetzt wie Stroh vor."

Anfang des folgenden Jahres berief Papst Gregor X. ein allgemeines Kirchenkonzil nach Lyon ein. Der Hauptgegenstand der Tagesordnung war die Wiederversöhnung der griechischen und lateinischen Kirche, und Thomas wurde als Experte für die griechische Theologie dazu eingeladen. Obwohl gesundheitlich angeschlagen, machte er sich auf die Reise in Richtung Norden, aber infolge einer Kopfverletzung durch einen Unfall sah er sich gezwungen, auf der Burg seiner Nichte bei Fossanova eine Rast einzulegen. Nach einigen Wochen wurde er von dort in das benachbarte Zisterzienserkloster gebracht, wo er am 7. März 1274 starb.

Neben dem III. Teil der *Summa* hinterließ Thomas von Aquin eine weitere Anzahl unvollendeter Werke, an denen er in Neapel gearbeitet hatte: einen Kommentar zu den Psalmen, mit dem er nur bis zum 44. Psalm kam, sowie ein seinem Sekretär gewidmetes Kompendium der Theologie, das geradezu eine Taschenausgabe der *Summa* darstellt. Heutige Ausgaben der *Summa* haben am Schluß einen Anhang, in dem die noch zu erörternden Sakramente der Buße, der Krankensalbung, der Ehe und der Priesterweihe behandelt werden sowie die „vier Letzten Dinge": Tod, Gericht, Hölle und Himmel. Dieser Anhang wurden von Thomas' Sekretären aus Stellen aus seinen früheren Schriften zusammengestellt, vor allem aus dem Kommentar zu Petrus Lombardus.

Schon drei Jahre nach seinem Tod wurde eine Reihe der Aussagen Thomas' von den Autoritäten der Universitäten zu Paris und Oxford verurteilt. Ein englischer Ordensbruder, der nach Rom reiste, um gegen das Urteil von Oxford zu appellieren, wurde vom neuen Franziskanerpapst Nikolaus IV. zu immerwährendem Schweigen verurteilt und starb in Bologna an gebrochenem Herzen. Es sollte noch ungefähr fünfzig Jahre dauern, bis die Schriften des Thomas von Aquin allgemein als theologisch einwandfrei anerkannt wurden. Die Pariser Verurteilung wurde erst 1325 widerrufen, zwei Jahre, nachdem Thomas heiliggesprochen worden war. Die Oxforder Verurteilung ist meines Wissens nie widerrufen worden.

Im Jahre 1316 leitete Papst Johannes XXII. den Heiligsprechungsprozeß für Thomas ein. Für Wunder, die er gewirkt habe, konnten nur sehr wenige Zeugen aufgeboten werden. Doch eine Geschichte wurde von vielen Augenzeugen bestätigt. Als Thomas in der Nähe von Fossanova im Sterben lag, so erzählten sie, sei er schon tagelang nicht zum Essen in der Lage gewesen, als er plötzlich den Wunsch nach Heringen äußerte. Seine Angehörigen erklärten ihm, Heringe wären vielleicht in Paris leicht zu besorgen,

49

aber in den italienischen Seen gebe es solche nicht. Aber zu jedermanns Überraschung stellte sich heraus, daß die nächste Sardinenlieferung an den örtlichen Fischhändler ein Paket Heringe enthielt. Die Richter des Heiligsprechungsprozesses scheinen ziemlich skeptisch gewesen zu sein, ob die Zeugen überhaupt wußten, wie ein Hering aussah. Aber der Umstand, daß die Wunder recht spärlich waren, hinderte nicht die Heiligsprechung. Der Papst soll gesagt haben: „Bei Thomas ist jeder Artikel seiner *Summa* ein Wunder"; und so erklärte er Thomas am 21. Juli 1323 für heilig.

Selbst nach seiner Heiligsprechung erfreute sich Thomas von Aquin unter den katholischen Theologen nicht jenes Ansehens, das ihm während des größten Teils unseres Jahrhunderts zuteil wurde. Bei den Gelehrten seines eigenen Ordens der Dominikaner waren seine Werke zwar stets der Gegenstand besonderen Studiums und hoher Wertschätzung; aber in den Rang eines offiziellen Theologen der ganzen römisch-katholischen Kirche wurde er erst durch die Enzyklika *Aeterni Patris* von Papst Leo XIII. im 19. Jahrhundert erhoben. 1914 verlieh Pius X. der thomistischen Philosophie wie Theologie einen einmaligen Ehrenplatz in den kirchlichen Ausbildungsstätten. Es wurde eine Liste von 24 thomistischen Thesen aufgestellt, die für den Unterricht in den katholischen Schulen als „verläßlich und sicher" bezeichnet wurden.

Thomas von Aquin wird heutzutage von professionellen Philosophen kaum noch gelesen. Er hat in den philosophischen Fakultäten, europäischen wie anglo-amerikanischen, weit weniger Aufmerksamkeit gefunden als viel geringere Denker wie z. B. Berkeley oder Hegel. An theologischen Hochschulen und in den Philosophiekursen der kirchlichen Einrichtungen ist er natürlich gründlich studiert worden, aber seine Förderung durch die Kirche hat dem Ansehen des Thomas bei weltlichen Philosophen eher geschadet; sie neigten dazu, ihn schlicht als Propagandisten für den Katholizismus abzutun. Hinzu kommt, daß die Wertschätzung, die Thomas von Aquin seitens der Kirche erfuhr, dazu führte, daß häufig von seinen Bewunderern bestimmte Meinungen und Argumente so plump vorgetragen wurden, daß sie damit seinem philosophischen Scharfsinn in keiner Weise gerecht wurden. Allerdings scheint Thomas seit dem Zweiten Vatikanischen Konzil in Kirchenkreisen etwas von seiner Vorrangstellung verloren zu haben; er wurde im Leseplan der Priesteramtskandidaten durch modischere Autoren ersetzt, die man für relevanter für den zeitgenössischen Diskurs hielt. Aber diese Veränderungen innerhalb der Kirche brauchen seinem Ansehen in weltlichen Kreisen durchaus nicht zu schaden.

Es gab auch respektablere, nämlich philosophische Gründe dafür, daß Thomas von den akademischen Philosophen vernachlässigt wurde; zudem hat sich in den letzten Jahren auch das philosophische Klima verlagert. Seit Descartes hatte sich die Aufmerksamkeit der Philosophen auf Fragen der Erkenntnistheorie konzentriert, das heißt, auf den Versuch, methodisch von einer anfangs skeptischen Grundhaltung, bei der alles dem Zweifel unterzogen wird, bis zu einer verläßlichen Struktur wissenschaftlichen Denkens zu gelangen. Es ging darum, ausgehend von den zunächst nur in der persönlichen, inneren Erfahrung registrierten Daten („Gegebenheiten"), eine Welt äußerer Objekte und anderer Denkender zu konstruieren. Das erkenntnistheoretische Interesse war bei Thomas gering, so viel Erkenntnistheorie auch in „thomistischen" philosophischen Handbüchern stecken mag, und das trug zur Mißachtung bei, die ihm weithin beschieden war.

Die Annahmen der nachcartesianischen Philosophie sind oft kritisiert worden, zum Beispiel von Marx und Freud; aber erst im zwanzigsten Jahrhundert wurden sie definitiv von der Philosophie selbst her untergraben, und zwar mit dem Werk des Philosophen Ludwig Wittgenstein. Wittgenstein weist nach, daß die

Beschreibungen privater Erfahrung, die der cartesianische Erkenntnistheoretiker als gegeben annimmt, viel problematischer sind als die öffentlichen, gemeinschaftlichen Disziplinen und Einrichtungen, die er zu rechtfertigen und auf ein festes Fundament zu stellen versucht. Wenn Wittgenstein recht hat, war die Philosophie seit der Zeit Descartes' auf dem Holzweg und sollte ihren Kurs auf eine Weise verändern, daß sie für mittelalterliche Fragestellungen wieder aufgeschlossener würde. Es ist kein Zufall, daß eine Anzahl der Philosophen aus der anglo-amerikanischen Tradition, die in den letzten Jahren mit größter Sympathie über Thomas geschrieben haben, Schüler Wittgensteins waren.

Wie Wittgenstein hat auch der Oxforder Philosoph Gilbert Ryle viel dazu beigetragen, die Barriere abzubauen, die heutige Philosophen daran gehindert hat, ihre mittelalterlichen Vorgänger gerecht einzuschätzen. Das ist nicht so sehr seinen Angriffen gegen die cartesianische Aufspaltung von Geist und Materie zu verdanken – für die er als Ersatz gelegentlich eine plumpe und wenig ansprechende Gleichsetzung von Geist und Verhalten anbot –, sondern dadurch, daß er wieder die aristotelischen Begriffe der Aktualität und Potentialität einführte. Diese philosophischen Begriffe samt ihren verästelten Verfeinerungen im Mittelalter waren seit der Zeit von Descartes und Molière zum Gegenstand des Spotts seitens der Philosophen und Amateurphilosophen geworden. Ryle entdeckte oder erfand wieder die aristotelischen Unterscheidungen verschiedener Schichten von Potentialität und stellte sie den zeitgenössischen Philosophen in geistreicher und lebendiger Sprache vor. So findet ein heutiger mit Ryle vertrauter Leser Thomas von Aquin weit weniger rätselhaft, als das die Philosophen früherer Generationen getan haben.

In jüngerer Zeit hat ein weiterer Wandel in der philosophischen Mode ein Hindernis dafür beseitigt, die Schriften des Thomas über die Moralphilosophie besser zu schätzen. Vor einer Generation bestanden die Philosophen auf einer scharfen Trennung von Moral und Ethik. Die Moral betraf vorrangig Fragen um richtig oder falsch und die dementsprechenden Entscheidungen darüber, was man tun und lassen solle: Ist Ehebruch immer falsch? Soll ich mich als Verweigerer aus Gewissensgründen melden? Die Ethik war eine nachgeordnete Disziplin, die sich mit der Logik des moralischen Diskurses befaßte: Welche logische Beziehung besteht, wenn überhaupt, zwischen Aussagen über Fakten und Aussagen über Werte und Pflichten? Welche logischen Merkmale sind für moralische Urteile spezifisch? Wenn nur die Ethik als das legitime Betätigungsfeld des Moralphilosophen betrachtet wird, macht man wahrscheinlich mit einem Schriftsteller wie Thomas von Aquin, der nicht klar zwischen Moral und Ethik unterscheidet, kurzen Prozeß. Aber in jüngster Zeit haben die Philosophen ein fast genauso großes Interesse für wesentliche moralische Fragen wie ihre mittelalterlichen Vorgänger entwickelt, und selbst einige derjenigen, die in vorderster Reihe für die Beibehaltung der ursprünglichen Unterscheidung zwischen Ethik und Moral plädieren, kann man dabei beobachten, daß sie z. B. über die Moralität der Abtreibung oder die Rechtfertigung des Lügens schreiben, und das mit derselben Begeisterung, mit der Thomas über die Abscheulichkeit des Wuchers oder die Bedingungen für einen gerechten Krieg schrieb.

Trotz dieses jüngsten Wandels hat nur eine kleine Minderheit professioneller Philosophen Interesse an Thomas. Die Einsichten Wittgensteins wurden überraschend wenig von der Philosophengemeinschaft übernommen. Das Interesse für logische Formalismen, die die Unterscheidungen zwischen Potentiellem und Aktuellem („möglichen Welten") einebnen, ist derzeit mehr in Mode als die ernsthafte philosophische Untersuchung der Potentialität. Unter Philosophen mit historischem Einschlag gab es zwar tatsächlich eine Wiederbelebung des Interesses für die mittelalterliche Philosophie; aber dieses konzentrierte sich auf die Bereiche der Logik, Linguistik und wissenschaftlichen Methodologie, zu denen der Beitrag von Thomas gering war, und nicht auf die Bereiche der Metaphysik, Ethik und Philosophie des Geistes *(philosophy of mind)*, für die sein Werk am ergiebigsten ist.

Wahrscheinlich besteht der Hauptgrund, weshalb Thomas kaum mehr gelesen wird, schlicht und einfach darin, daß seine Werke in mittelalterlichem Latein geschrieben sind. Selbst wer sich in der Schule gute Lateinkenntnisse erworben hat, tut sich mit dem Lesen des scholastischen Lateins schwer und muß sich erst daran gewöhnen. Thomas' Stil ist voller Fachausdrücke und so knapp, daß es schwer ist, davon eine klare Übersetzung anzufertigen, ohne ins tendenziöse Paraphrasieren zu verfallen. Doch wenn sich der Leser erst einmal an die scholastischen Konventionen gewöhnt hat, findet er Thomas' Prosa sanft und angenehm, und vor allem viel erhellender als diejenige anderer mittelalterlicher Philosophen wie Scotus und Ockham. Das scholastische Latein ist selbst an seinen kniffligsten Stellen nicht schwieriger zu übersetzen als der größte Teil von Aristoteles' Griechisch. Die *Ethik* des Aristoteles wird auch heute noch, in einer weithin des Griechischen nicht mächtigen philosophischen Szene, mit ungebrochenem Interesse gelesen; so besteht kein Grund, warum der II. Teil der *Summa* von Thomas, der zu den faszinierendsten Kommentaren gehört, die jemals dazu geschrieben wurden, nicht daneben ebenfalls mit gleicher Aufgeschlossenheit gelesen werden sollte.

Im vorliegenden Kapitel habe ich versucht, die wichtigsten Etappen aus dem Leben des Thomas von Aquin zu schildern sowie die Hauptthemen seiner Schriften zu skizzieren. Ich habe einiges über seinen Einfluß auf das spätere Denken und seine Bedeutung für unsere zeitgenössische Philosophie gesagt. Meine Darstellung mußte unvermeidlich äußerst skizzenhaft und impressionistisch bleiben. Für die folgenden beiden Kapiteln werde ich eine andere Methode verwenden. Ich werde mich vom umfassenden Überblick auf das Herausgreifen einiger Elemente verlegen. Dafür habe ich zwei Aspekte der Philosophie des Aquinaten ausgewählt: seine Metaphysik und seine Philosophie des Geistes. Diese beiden will ich ausführlich genug behandeln, um dabei einzelne Texte aus seinen Schriften zitieren und besprechen zu können. Im 2. Kapitel will ich die metaphysischen Begriffe darlegen – Materie (in der *deutschen Thomasausgabe* mit „Stoff" übersetzt, d. Ü.), Form, Substanz, Akzidens, Wesen, Sein –, die in seinen Werken ständig vorkommen, und ich werde vor Augen führen, daß sein System zwar wertvolle Einsichten und wichtige Unterscheidungen bietet, daß aber der Teil, der oft am meisten Bewunderung hervorgerufen hat, nämlich seine Seinstheorie, philosophische Widersprüche enthält, die man nicht einmal mit der wohlwollendsten Interpretation beheben kann. Im Schlußkapitel wende ich mich seiner Philosophie des Geistes zu, seiner Beschreibung des Verstands und Willens des Menschen und seiner kognitiven und affektiven Fähigkeiten. Darin werde ich aufzeigen, daß wir trotz Unklarheiten im Detail und Lücken, auf die uns spätere Philosophen aufmerksam gemacht haben, hier eine Struktur philosophischen Denkens vorfinden, die grundsätzlich viel solider als ihre bekannteren Konkurrenzversuche ist, und daß es nur von Vorteil wäre, wenn künftige Philosophen sie ihrem Denken zugrunde legen würden.

# 2 Sein

Jeder Leser, der zum ersten Mal die Werke des Thomas von Aquin aufschlägt, begegnet einem ganzen Arsenal von Fachausdrücken, die für eine Reihe von ganz bestimmten und schwierigen Vorstellungen stehen. Thomas' Bewunderer sind der Ansicht, diese Vorstellungen fügten sich zu einem allumfassenden System, das einen einmalig hilfreichen Rahmen für die Erörterung philosophischer Probleme abgebe, ja ganz allgemein für die Behandlung wissenschaftlicher Fragen jeder Art. Wenn die Philosophen von einem *metaphysischen System* sprechen, ist ein solches Gerüst aus Begriffen gemeint, das die Belange der einzelnen Disziplinen der Wissenschaft übergreift und auf einem ganz allgemeinen und abstrakten Niveau ein Verständnis des Universums bietet. Vielleicht wird Thomas gerade als Metaphysiker am meisten bewundert.

Im vorliegenden Kapitel will ich versuchen, kurz die Hauptbegriffe der Metaphysik des Thomas von Aquin zu erklären. Die Begriffe, die wir uns vornehmen werden, sind im allgemeinen nicht von Thomas selbst geschaffen; sie sind das Erbe einer Tradition, die bis auf Aristoteles zurückgeht, und auch andere Lehrer an den Schulen und Universitäten des Mittelalters haben sie übernommen. Man könnte sagen, sie stellen das gemeinsame Erbe der *Scholastik* dar, wie die Philosophie dieser „Schulmänner" bezeichnet wird.

Mit diesen allgemeinen systematischen Begriffen muß sich jeder gründlich beschäftigen, der Thomas richtig verstehen will, denn sie spielen auf jeder Seite seiner Schriften eine maßgebliche Rolle. Allerdings rührt meiner Ansicht nach ihre Bedeutung nicht daher, daß sie insgesamt ein kohärentes philosophisches System ergeben würden. Im Gegenteil, ich bin der Auffassung, die Art, wie Thomas sie verwendet, stifte auch Mißverständnisse und Verwirrung. Damit stelle ich nicht in Frage, daß er ein gro-ßer Metaphysiker gewesen sei; aber ich glaube, er gewann seine metaphysischen Einsichten oft trotz und nicht wegen des Appa-rats an scholastischen Begriffen, die er verwendete. In diesem Kapitel will ich versuchen, diese Begriffe so zu erklären, daß ich sowohl die allumfassende systematische Rolle aufzeige, die sie spielen sollten, als auch die besondere Art von Verwirrung und Unklarheit, zu der sie führen können.

Zur Veranschaulichung meiner Darstellung will ich einige der wichtigeren Texte besprechen, die Thomas zu dem betreffenden Thema geschrieben hat. Diese Texte sind nicht leicht zu verste-hen, weshalb der Leser nicht erwarten sollte, sie auf Anhieb zu begreifen. Ich werde versuchen, die wichtigsten Punkte, die sie enthalten, in einer Sprache zu erklären, die auch demjenigen einsichtig ist, der mit dem scholastischen Sprachgebrauch nicht vertraut ist. Der Leser kann hierauf zu den Texten selbst zurück-kehren und sie besser verstehen. Dieses Vorgehen ist zwar um-ständlich, aber ich hoffe, damit den Leser davon überzeugen zu können, daß es keine einfache und unumstrittene Übertragung der Gedanken des Thomas in eine Ausdrucksweise und Begriff-lichkeit gibt, die dem heutigen Leser unmittelbar verständlich sind.

Unsere modernen Sprachen enthalten viele allgemein ge-bräuchliche Wörter mit alltäglicher Bedeutung, die als Fachaus-drücke der aristotelischen Scholastik angefangen haben; dazu ge-hören Wörter wie „Akzidenz", „Intention", „Materie", „Substanz", „Form", „Qualität" und „Kategorie". Ihre heute allgemein übliche Bedeutung unterscheidet sich gewöhnlich von ihrer ursprünglichen Bedeutung in der aristotelischen Philosophie. Daher wird es hilfreich sein, zunächst diese kurz zu erklären und so in das metaphysische Denken einzuführen, das Thomas in seinen Schriften anwendet.

Die Begriffe der *Substanz* und des *Akzidenz* erklärt man am besten damit, daß man sich genau wie Aristoteles in seiner *Kategorienschrift* die verschiedenen Arten von Prädikaten ansieht, die in Sätzen mit Subjekt und Prädikat vorkommen. Man kann die Theorie der Kategorien als Versuch betrachten, die unterschiedlichen Prädikate zu klassifizieren. Das Prädikat eines Satzes kann einem sagen, um was für eine Art von Gegenstand es sich beim Subjekt handelt oder wie groß es ist, wie es aussieht, wo es ist, was es tut, usw. Wir könnten zum Beispiel sagen: Thomas von Aquin war ein Mann, er war außerordentlich korpulent, er war ein sehr intelligenter Mensch, er war jünger als Albert der Große, er lebte in Paris, er lebte zur Zeit des heiligen Ludwig von Frankreich, er hielt seine Vorlesungen im Sitzen, er hatte immer den Kopf kahlgeschoren, er schrieb viele Bücher, und er wurde von seiner Familie entführt. Aristoteles würden nun sagen: Die Prädikate, die wir zur Aussage aller dieser Beschreibungen verwenden, gehören ganz unterschiedlichen Kategorien an, nämlich je nachdem den Kategorien der Substanz, der Quantität, Qualität, Relation, des Ortes, der Zeit, der Haltung, des Zustands, der Tätigkeit und des Erleidens. Eine prädikative Aussage in der Kategorie der *Substanz* sagt einem etwas über den Gegenstand, von dem der Satz handelt, und zwar um welche Art von Gegenstand es sich handelt: um einen Menschen, einen Hund, eine Kastanie, einen Goldklumpen. Das ist ein Sinn des Wortes „Substanz": Man kann es zur Bezeichnung eines bestimmten Typs von prädikativen Aussagen verwenden und ihn damit von den übrigen neun Kategorien prädikativer Aussagen unterscheiden, die man als prädikative Aussagen über *Akzidentien* bezeichnen könnte. Wichtiger noch ist, daß man das Wort „Substanz" dazu verwenden kann, den Gegenstand zu bezeichnen, von dem der obige Satz handelt, also das Objekt, für das das Subjekt des Satzes steht. So war Thomas von Aquin selbst eine Substanz, über die man substantielle und akzidentelle prädikative Aussagen machen kann. Der wichtige Unterschied zwischen den beiden Arten prädikativer Aussagen ist folgender: Wenn eine substantielle prädikative Aussage über eine Substanz nicht mehr stimmt, hört diese Substanz zu existieren auf; wenn dagegen eine akzidentelle prädikative Aussage über sie nicht mehr stimmt, hat sich die Substanz lediglich verändert. Wenn es also nicht mehr stimmen würde, daß Thomas von Aquin in Paris lebt, wäre er immer noch Thomas von Aquin; aber wenn er kein Mensch mehr wäre, würde es ihn auch nicht mehr geben.

Obwohl sich das Verhältnis zwischen Substanz und Akzidentien am besten mit Sätzen erklären läßt, die aus Subjekt und Prädikat bestehen, sind weder Substanzen noch Akzidentien sprachliche Wesenheiten oder Sprachelemente. Der Satz „Sokrates ist weise" enthält das Wort „Sokrates", aber er handelt vom Menschen Sokrates, und nicht das Wort „Sokrates", sondern der Mensch Sokrates ist eine Substanz. Genauso muß man Akzidentien von akzidentellen prädikativen Aussagen unterscheiden: Wenn der Satz „Sokrates ist weise" stimmt, ist das, was dieses Prädikat für das Subjekt wahr sein läßt, der Umstand, daß es unter den in der Welt vorhandenen Wirklichkeiten die Weisheit des Sokrates gibt; diese außersprachliche Wirklichkeit, nicht das Prädikat des Satzes, ist das Akzidenz (M V, 1, 9; 885 ff.).

Die Weisheit des Sokrates ist natürlich keine substantielle Wesenheit wie Sokrates selbst; auch seine Farbe, seine Größe und seine Körpergestalt sind das nicht. Aber die Überzeugung, Akzidentien seien etwas Reales, schließt nicht ein, daß man sie sich als konkrete Wesenheit nach Art von Substanzen vorstellt, und wären diese noch so schattenhaft. Der springende Punkt bei der Unterscheidung zwischen Substanz und Akzidenz besteht gerade darin, daß damit auf die Weise aufmerksam gemacht werden soll, wie die Weisheit des Sokrates einer ganz anderen Gattung zugehört als Sokrates selbst. Aber viele derer, die an Akzidentien glauben – darunter auch Thomas –, stiften geradezu Verwirrung, wenn sie davon sprechen, Akzidentien seien Teile oder konstituierende Elemente der Substanz, zu der sie gehören. Die Farbe eines Baums ist nicht auf die gleiche Art ein Teil des Baums, wie das seine Rinde und Äste und Blätter sind; und wahrscheinlich wäre auch niemand versucht zu denken, der Umstand, daß Sokrates größer als Simmias ist, sei ein Teil des Sokrates. Daher ist es verwirrend, wenn man von Substanz und Akzidentien so spricht, als bildeten sie gemeinsam sozusagen etwas Zusammengesetztes (wie z. B. in S I, 3, 7). Allerdings warnt Thomas selbst immer wieder einmal vor der Verwirrung, in die das führen könnte – nämlich, daß man sich die Akzidentien als eine Art Außenhaut oder Anstrich und die Substanz als inneren Kern oder Mark vorstellen würde.

Die Versuchung liegt nahe, den Unterschied zwischen Substanzen und Akzidentien so zu benennen, daß man die Substanzen als etwas Konkretes und die Akzidentien als etwas Abstraktes bezeichnet. Aber das ist irreführend. Wenn man unter „konkret" etwas „Berührbares" oder „Greifbares" versteht, muß man bedenken, daß es Substanzen wie etwa die Luft gibt, die im schlichten Sinn des Wortes nicht greifbar sind. Zudem gibt es, sofern Thomas recht hat, Substanzen wie etwa Gott und die Engel, die in keinerlei Hinsicht greifbar sind. Andererseits gibt es einige Akzidentien, wie etwa die Rauheit eines Stücks Schmirgelpapier, die im direkten Sinn greifbar sind, insofern sie mit dem Tastsinn gefühlt werden können. Andere Akzidentien sind mittels anderer Formen der Sinneswahrnehmung wahrnehmbar: die Farbe durch das Sehen, die Süße mit dem Geschmackssinn usw. Manche lassen sich mit mehreren Sinnen zugleich wahrnehmen: Die Form zum Beispiel läßt sich durch Anschauen und durch Betasten erfassen. Tatsächlich sind die Substanzen selbst nur über die Wahrnehmung ihrer Akzidentien wahrzunehmen: Die Katze kann ich nur wahrnehmen, weil ich ihre Farbe, Größe und Form sehen, ihr Miauen hören und ihr Pelzigsein fühlen kann. Das muß nicht heißen, daß Substanzen an sich nicht wahrnehmbare, rätselhafte, unsichtbare und unberührbare Wesenheiten hinter den vertrauten sicht- und spürbaren Akzidentien seien. Aber es bedeutet, daß das Berührtwerdenkönnen nicht das Unterscheidungsmerkmal der Substanz ist.

Daß etwas eine Substanz von einer bestimmten Art sei, kann laut Thomas nur der Verstand, nicht die Sinneswahrnehmung entdecken; das Vorhandensein von Akzidentien dagegen kann man sehr wohl allein durch den Gebrauch eines der fünf Sinne entdecken. Das scheint richtig zu sein. Nur durch Anschauen sehe ich nicht, *welche Art von Gegenstand* etwas ist, genausowenig, wie ich spüre, *wie ein Gegenstand schmeckt*, wenn ich nur meine Augen dafür verwende. Dennoch lassen sich Substanzen wahrnehmen. Ich kann mit meinen Augen, sagen wir, Schwefelsäure sehen, allerdings nicht nur durch bloßes Hinschauen; aber mittels des intelligenten Einsatzes von Hypothese, Experiment und Information kann ich zum Wissen gelangen, daß der Stoff, den ich sehe, Schwefelsäure ist.

Besteht dann die Konkretheit der Substanz und die Abstraktheit der Akzidentien im folgenden: daß Substanzen Wesenheiten mit einer Geschichte wären, die in kausale Beziehungen zueinander treten, Akzidentien dagegen irgendwie zeitlos und vom Wirrwarr der Welt abgehoben? Nein: Von der „Weisheit" an sich mag man sich vorstellen, daß sie in irgendeiner überirdischen Sphäre jenseits von Raum und Zeit existiere; aber die Weisheit des Sokrates hat sich im Laufe der Zeit entwickelt, wirkte sich auf sein eigenes und das Leben anderer aus und wurde schmerzlich vermißt, als sie zusammen mit Sokrates selbst aus der Welt verschwand.

Thomas selbst verwendet zur Bezeichnung des Unterschieds zwischen Substanz und Akzidentien zwei von Aristoteles inspirierte Redewendungen, die beide nicht leicht zu übersetzen sind. Die eine lautet: „accidentis esse est inesse", was heißt: „Für ein Akzidenz bedeutet zu sein, an etwas zu sein", und die andere: „accidens non est ens sed entis" und heißt: „Ein Akzidenz ist kein Seiendes, sondern ein zu etwas Seiendem Gehörendes." Beide etwas rätselhafte Sätze zielen auf das gleiche ab: Jedes Akzidenz, wie etwa ein Umriß, ein Lächeln oder ein Gewicht, ist notwendig ein Akzidenz *von* etwas: der Umriß von etwas, das Lächeln von jemandem, das Gewicht eines Gegenstands. Einen Umriß an sich, der von nichts der Umriß wäre, gibt es nicht, und genausowenig gibt es ein Lächeln von niemandem und ein Gewicht keines Gegenstands. Hinzu kommt, daß, wenn wir sagen, Akzidentien hätten ein Dasein oder eine Geschichte, wir in Wirklichkeit von den Wandlungen und Eigenheiten von Substanzen sprechen. Wenn wir also sagen, der Schnupfen des Sokrates sei schlimmer geworden, meinen wir, daß Sokrates jetzt häufiger schneuzt, sich mit dem Atmen schwerer tut usw.

Thomas betont, bei der Erschaffung der Welt habe Gott Substanzen, nicht Akzidentien erschaffen (S I, 45, 4 c). Er warnt vor den Irrtümern solcher, die sich die Akzidentien als schattenhafte Substanzen vorstellen (C 11). Seine diesbezügliche Lehre könnten wir so zusammenfassen: Das Dasein der F-heit von A ist nichts anderes, als daß A F ist; und die F-heit von A kommt nur dadurch zustande, daß A F wird.

Obwohl Thomas diesen Punkt nachdrücklich betont, gibt es dennoch überraschend viele andere Stellen in seinen Werken, an denen er durchaus dazu bereit ist, die Möglichkeit ins Auge zu fassen, daß es Akzidentien geben könnte, die nicht untrennbar mit einer Substanz verbunden sind. Ja, er glaubte, daß das im Sakrament der Eucharistie tatsächlich der Fall sei. Er war davon überzeugt, daß nach der Verwandlung von Brot und Wein die

Akzidentien von Brot und Wein weiterhin existierten, nachdem Brot und Wein zum Leib und Blut Christi geworden seien. Natürlich glaubte Thomas, das sei das Ergebnis des wunderbaren Wirkens der göttlichen Allmacht; aber er glaubte auch und betonte es immer wieder, daß selbst ein allmächtiger Gott keinen in sich selbst widersprüchlichen Zustand herbeiführen könne.

Man könnte meinen, daß Thomas in der Lehre von der Transsubstantiation unter dem Standard strengen philosophischen Denkens blieb, den er erreichte, wenn er nicht unter dem Druck des Dogmas stand. Aber bevor wir zum Schluß kommen, daß dies der Grund sei, könnten wir doch noch fragen, ob es tatsächlich ein Widerspruch in sich ist, von Akzidentien zu sprechen, die nicht Akzidentien irgendeiner Substanz sind. Die Vorstellung, es könne das Grinsen einer Cheshire-Katze ohne die Cheshire-Katze geben, scheint der Inbegriff des Widersinns zu sein[*]. Andererseits hat es gar nichts Wunderbares oder gar Rätselhaftes an sich, wenn der Geruch oder Geschmack von Zwiebeln auch dann noch im Raum ist, wenn schon alle Zwiebeln gegessen sind. Oder der Umriß meines Stiefels kann sogar dann noch im Schnee vorhanden sein, wenn ich diesen Stiefel unvorsichtigerweise zum Trocknen zu nah ans Feuer gestellt habe und er verbrannt worden ist. In diesen Fällen haben wir es mit Akzidentien bestimmter Substanzen zu tun, die es jetzt nicht mehr gibt, aber einmal gegeben hat; aber die Farben des Regenbogens und das Blau des Himmels lassen sich keiner Substanz in der Vergangenheit oder

---

[*] Hier handelt es sich um eine Anspielung auf Lewis Carrolls *Alice im Wunderland*. Alice zu der Cheshire-Katze: „Es wäre mir lieb, wenn du nicht immer so plötzlich da und weg wärest: das macht einen ganz schwindelig." „Einverstanden", meinte die Katze; und diesmal verschwand sie ganz allmählich mit dem Schwanzende bis zum Grinsen, das noch einige Zeit in der Luft blieb, als der Rest schon verschwunden war. „Liebe Güte! Ich habe schon oft eine Katze ohne Grinsen gesehen", stellte Alice fest; „aber ein Grinsen ohne Katze! Das ist mir noch niemals begegnet!" (Anm. des Übersetzers)

Gegenwart zuordnen. Sind diese Fälle also Gegenbeispiele gegen die oben ausgesprochenen Thesen des Aristoteles?

Offenbar ist es so, daß Thomas von Aquin in seinen Schriften den Begriff *Akzidenz* mit zwei ziemlich unterschiedlichen Bedeutungen verwendet. Zunächst finden wir darin den ganz allgemeinen, abstrakten Begriff, der aus der grammatikalischen Überlegung über die Kategorien des Aristoteles abgeleitet ist: Wo immer eine wahre prädikative Aussage der Form „A ist F" vorliegt, gibt es ein Akzidenz, das sich durch einen anhand des Prädikats konstruierten Nominalsatz (also mittels einer „Nominalisierung" des Prädikats) beschreiben läßt: das ist die F-heit von A oder die Tatsache, daß A F ist (vgl. oben). Dann aber gibt es in den Schriften von Thomas auch einen zweiten Begriff des *Akzidenz*, der aus der Überlegung abgeleitet ist, wie wir in unserem gewöhnlichen Sprachgebrauch Wörter wie „Umriß", „Farbe", „Geschmack", „Geruch", „Lage" usw. verwenden. Diese Wörter kann man zur Klassifizierung der aus dem aristotelischen Schema gewonnenen Nominalisierungen verwenden: Da die Erde rund ist, gibt es so etwas wie die Rundheit der Erde, und das ist eine Form des Umrisses. Aber schon wenn wir das kurz bedenken, sehen wir deutlich, daß der gewöhnliche Gebrauch solcher Wörter weit über das aristotelische Denkmuster hinausgeht: Der eine Eigenschaft ausdrückende Genitiv „der/des", der in Wendungen wie „der Umriß der…", „der Geruch des …" gebraucht wird, bezeichnet viele weitere Beziehungsformen und sagt nicht nur, daß ein bestimmtes Akzidenz zu einer derzeit vorhandenen Substanz gehöre: Das „der" bzw. „des" kann zum Beispiel auch vorkommen, wenn man von der „Wirkung der Explosion" spricht oder von der „Geschichte des Königs Artus".

Als Thomas im Zusammenhang mit der Transsubstantiation von Akzidentien sprach, hatte er eindeutig den landläufigen Begriff von Akzidenz im Sinn. Angesichts der Frage, wie Akzidentien ohne Substanz nähren und berauschen können, äußert er den Gedanken, es könne ja der Geruch des Weins sein, der berausche, so wie der Geruch des Weins in einem vollen Keller jemanden schon ganz benommen machen kann, noch ehe er überhaupt ein Faß aufmacht. Diesen Gedanken verwirft er, und zwar nicht deshalb, weil ein Akzidenz etwas ziemlich anderes als ein Geruch sei, sondern weil man von Wein, der in Blut verwandelt wird, sehr viel stärker betrunken werden könne als dadurch, daß man in einen Weinkeller geht und tief einatmet (S III, 77, 6).

Legt man den aristotelischen Begriff des Akzidenz zugrunde, so ergibt sich eindeutig ein Widerspruch im Begriff eines Akzidenz, das keiner Substanz angehört: Es kann kein F-Sein des A geben, wenn es kein A gibt. Aber da es der allgemein übliche Sprachgebrauch gestattet, das „des" in der „F-heit des A" auf eine Vielzahl von Beziehungen anzuwenden, ist es möglich, auch dann noch von F-heit zu sprechen, wenn es das A gar nicht mehr gibt. Thomas hätte seinen theologischen wie philosophischen Lesern einen wichtigen Dienst erwiesen, wenn er bei seiner Darstellung der Transsubstantiation auf den Unterschied zwischen den beiden verschiedenen Akzidenz-Begriffen hingewiesen und nicht so gesprochen hätte, als verwende er weiterhin den Begriff im aristotelischen Sinn (wie z. B. in S III, 77, 1 ad 3).

Nach dem Verständnis des Aristoteles ist also ein Akzidenz immer das Akzidenz einer Substanz, und jede Aussage über ein Akzidenz muß in eine Aussage umformuliert werden können, in der das Subjekt des Satzes eine Substanz ist. Warum, so könnten wir fragen, kann man nicht das gleiche von Substanzen sagen? Wenn jede Aussage über das Faktum der weißen Farbe des Sokrates in eine Aussage darüber umgewandelt werden kann, daß Sokrates weiß sei, können wir dann nicht genausogut sagen, daß jede Aussage über Sokrates auf eine Aussage über ein zugrunde liegendes Seiendes zurückgeführt werden kann – z. B. Materie oder Energie –, das in sokrateshafter Form existiert? Zur Beantwortung dieser Frage müssen wir von der Unterscheidung zwi-

66

schen Substanz und akzidenteller Form zur Unterscheidung zwischen Materie und substantieller Form übergehen. Bei Thomas ist nämlich die substantielle Form die Form *par excellence*.

Die Begriffe von *Materie* und *Form* kommen vor allem in Thomas' Analyse der Veränderungen zum Tragen, die in individuellen Substanzen vor sich gehen. Wenn ich einen Teigklumpen habe und ihn mit den Fingern knete, so daß er zunächst wie ein Schiff und dann wie eine Frau aussieht, ist es ganz natürlich, wenn ich sage, hier nehme das gleiche Stück Material verschiedene Gestalten an. Die lateinischen Wörter „materia" und „forma" und noch mehr die griechischen Wörter, deren Übersetzung sie sind, können diese Alltagsbedeutung von „Material" und „Gestalt" haben. Aber beim Kneten eines Teigstücks handelt es sich strenggenommen nicht um den Fall eines bestimmten Stücks Materie, das zwei verschiedene substantielle Formen annimmt, so gern Thomas im Anschluß an Aristoteles gerade dieses Beispiel gebraucht, um die Begriffe von Materie und Form zu veranschaulichen. Denn eine Veränderung der äußeren Gestalt ist eine akzidentelle, keine substantielle Veränderung: Hier findet keine Veränderung von einer Art von Gegenstand zu einer anderen Art von Gegenstand statt; die Prädikate in der Kategorie der Substanz bleiben die gleichen. Zudem ist für Thomas ein Teigklumpen strenggenommen überhaupt keine Substanz, sondern eher ein künstliches Konglomerat aus einer Reihe natürlicher Substanzen. Soll eine echte substantielle Veränderung stattfinden, ist es notwendig, wenn auch nicht zureichend, daß zu Beginn der Veränderung eine ganz bestimmte Substanz vorliegt, aus der am Ende der Veränderung eine eindeutig andere Substanz geworden ist. So ist zum Beispiel für Thomas der Tod und die Zersetzung des Körpers eines Hundes ein Beispiel für eine substantielle Veränderung. Hier haben wir es, wie in den meisten Fällen, nicht einfach mit einer einzigen Substanz einer bestimmten Art zu tun, aus der eine andersartige Substanz wird, sondern eine einzige

Substanz verwandelt sich in viele voneinander unabhängige Substanzen, nämlich in die verschiedenen natürlichen Elemente, in die sich der Hundekadaver zersetzt. Das ist eine Veränderung aus einer Substanz in viele Substanzen; wenn ich esse und eine aus vielfältigen Nahrungsmitteln bestehende Mahlzeit verdaue, liegt der umgekehrte Fall vor: Aus vielen Substanzen wird eine einzige.

Für eine echte substantielle Veränderung genügt es nicht, daß ein Vorgang stattfindet, bei dem am Anfang die Substanz A steht und am Ende die Substanz B. Damit dieser Vorgang tatsächlich den Charakter einer Veränderung erhält, im Unterschied etwa zur Vertauschung der einen Substanz durch eine andere mittels eines Wunders, ist es notwendig, daß es zwischen der zu Beginn der Veränderung vorhandenen Substanz und der am Ende der Veränderung vorliegenden Substanz etwas Gemeinsames gibt. Eine Weise, wie man den Begriff der *Materie* erklären kann, besteht darin, daß man sagt, Materie sei das, was den beiden *termini* einer substantiellen Veränderung gemeinsam ist. Wenn die Substanz A, die von der Art F ist, zur Substanz B wird, die von der Art G ist, dann gibt es eine Materie, die durch alle Veränderung hindurch das gleiche Stück Materie bleibt und die vor der Veränderung die wesentliche Eigenschaft F und nach der Veränderung die wesentliche Eigenschaft G besitzt.

Das ist zumindest die Erklärung, die an mehreren Stellen bei Thomas gegeben wird, etwa in der folgenden:

„In jeder Veränderung aber muß es etwas Zugrundeliegendes geben, das sich früher in der Anlage zu etwas (in potentia) und später in der (entsprechenden) Wirklichkeit (in actu) befindet… Die Form von jenem, in das etwas verwandelt wird, erhält von neuem ein Sein im Stoffe dessen, das in es verwandelt wird, z.B. wenn Luft in vorher nicht bestehendes Feuer verwandelt wird, erhält die Form des Feuers ein neues Sein im Stoff der Luft, und ähnlich beginnt, wenn Speise in einen früher nicht existierenden Menschen verwandelt wird, die Form des Menschen von neuem zu sein im Stoff der Speise." (S III, 75, 4, 1.2)

Das erste Beispiel des Thomas für eine substantielle Veränderung zeigt, daß in seiner Vorstellungswelt die Unterscheidung zwischen Materie und Form mit einer naiven wissenschaftlichen Theorie zusammenhing, derzufolge alle Körper unserer Welt aus den Urelementen Erde, Luft, Feuer und Wasser zusammengesetzt waren. Folglich bestanden für ihn alle zusammengesetzten Körper aus diesen vier Elementen und konnten in sie zerlegt werden; aber eine Veränderung aus einem dieser Elemente in ein anderes ist keine Zerlegung in etwas Einfacheres, denn es gibt nichts Einfacheres. Die ganz natürliche Folge ist, daß wir diese Elemente selbst als die Materie betrachten, aus der alle zusammengesetzten Körper bestehen: Man kann sagen, wenn ich eine Handvoll Sellerie aus dem Gemüsebeet ziehe und ihn aufesse, werden jetzt alle Erde und alles Wasser, die in der Form der Pflanze enthalten sind, in die Gestalt meines menschlichen Körpers eingeformt. Grundsätzlich könnten diese Elemente auch ganz für sich als Erdklümpchen und Wassertropfen existieren. Erde, Wasser, Feuer und Luft dagegen sind nicht aus Einzelteilen zusammengesetzt, die ihrerseits für sich existieren könnten. Doch nach Thomas' Theorie kann sich das eine in das andere umwandeln, so daß ihnen etwas Gemeinsames zugrunde liegen muß, also etwas, aus dem sie alle gemacht sind. Das nennt er die *materia prima*, die „Urmaterie" oder den „ersten Stoff", und er sagt:

„Der vorliegende Stoff aber, in den sich die Mischkörper auflösen können, sind die vier Grundstoffe. Die Auflösung kann nämlich nicht bis auf den ersten Stoff *(in materiam primam)* gehen, so daß dieser ohne Form bestünde, weil der Stoff nicht ohne Form sein kann." (S III, 75, 3)

Wie weit lassen sich die Begriffe von Materie und substantieller Form von der archaischen Physik lösen, an die sie geknüpft sind? Erde, Wasser und Luft der mittelalterlichen Denker scheinen die Vorfahren unserer Begriffe des Festen, Flüssigen und Gasförmigen zu sein, bei denen es sich eher um Zustände der Materie als um Bestandteile von Substanzen zu handeln scheint. (Das Feuer erhielt erst mit der Entwicklung der Plasmaphysik wieder eine Chance, als gleichrangig mit den anderen drei Elementen eingestuft zu werden.) Nach den Kriterien der Chemiker für substantielle Veränderungen – es muß sich um Veränderungen von einer chemischen Substanz in eine andere handeln – kann die Umwandlung von Wasser in Dampf nicht als substantielle Veränderung betrachtet werden.

Doch auch wenn die Analyse von chemischen Veränderungen etwas ungemein Komplizierteres ist, als Thomas das sehen konnte, entwertet diese Tatsache an sich noch nicht den Begriff der Urmaterie. Dieser Begriff sollte ja gerade an dem Punkt zur Anwendung kommen, an dem die chemische Analyse aufhörte, unabhängig davon, wo dieser Punkt im jeweiligen Fall lag. Der Begriff der Urmaterie läßt sich nicht auf Fälle anwenden, in denen wir Aussagen machen können wie: „Dieses $H_2O$ war zuerst Eis und ist jetzt Wasser" oder „Dieser Wasserstoff war zuerst mit Sauerstoff eine Verbindung eingegangen, ist jetzt aber mit Schwefel verbunden"; vielmehr unterstellt Thomas etwas Durchgängiges, für das während der ganzen Zeit vor und nach der Veränderung keine Beschreibung als „$H_2O$" oder „Wasserstoff" mehr möglich ist, und dieses den betreffenden Elementen zu Beginn und nach Abschluß der Veränderung Gemeinsame bezeichnet er als *materia prima*. Es scheint zweifelhaft, ob es diesen Fall überhaupt gibt, denn auf jeder Ebene scheinen angemessene Beschreibungen grundsätzlich möglich zu sein, bis wir zu dem Punkt kommen, an dem die Identifikation der Materie als solche problematisch wird, nämlich in der subatomaren Physik. Treffend hat der Schriftsteller Peter Geach dazu gesagt:

„Es wäre tatsächlich falsch zu sagen, für die Vorstellung *ein und derselben Materie oder desselben Stoffs* gebe es in der modernen Wissenschaft *keinen* Platz mehr; ein Wissenschaftler kann durchaus erforschen, ob und wie rasch in einem scheinbar sich nicht verändernden Körper in Wirklichkeit ein Austausch an Materie mit seiner Umgebung stattfindet; oder er könnte auch wissen wollen, welche Teile des Körpers eines Menschen von einer bestimmten Substanz genährt werden und zu diesem Zweck vielleicht radioaktive ‚Marker‘ einsetzen, um nachzuweisen, wohin der eingegebene Stoff wandert. Aber die Anwendung solcher Rede auf die Fundamentalphysik scheint indiskutabel zu sein; hier scheint die Feststellung von bestimmten Materieteilchen sinnlos zu werden."

Thomas und seine Nachfolger wenden den Begriff der Urmaterie und der substantiellen Form am häufigsten auf den Lebenskreislauf der Lebewesen an. Thomas meinte, in einem Lebewesen gebe es zu einem gegebenen Zeitpunkt immer nur eine einzige substantielle Form. Selbst wenn ein Tier viele gleiche Dinge wie eine Pflanze tun könne (z. B. sich selbst ernähren und fortpflanzen), heiße das nicht, daß es eine Form mit den Pflanzen gemeinsam habe, die es zum Lebewesen werden lasse, und dann zusätzlich eine weitere Form, die es Tier sein lasse. Vielmehr habe es eine einzige spezifische Form, die es in den Stand setze, auf allen Ebenen alle seine charakteristischen Lebensfunktionen auszuüben. Daraus folgt, daß, wenn ich den Sellerie pflücke und esse, es strenggenommen nicht stimmt, wenn man – wie oben – sagt, es gebe einige Teile Wasser, die zuerst Teil des Sellerie waren und später Teil meiner selbst werden: Denn es gibt keine Materieteile, die zuerst die Form des Sellerie und später die Form des Menschen haben und *durchgängig die Form des Wassers hatten*. Die Form des Wassers ist in der Form des Sellerie nur „virtuell enthalten", und zwar in dem Sinn, daß ein Stück Materie, was immer es kraft seines Wasserseins tun konnte, auch kraft seines Teilseins in einem organischen Ganzen tun kann, das die dem Sellerie angemessene Form hat.

Die Frage zu lösen, durch welche Beweisführung oder sogar mittels welcher Disziplin wir herausbringen können, wie viele substantielle Formen zum Beispiel in einem lebendigen Hund vorhanden sind, ist nicht leicht. Folglich fällt auch die Entscheidung schwer, ob man Thomas recht geben oder widersprechen soll, wenn er sagt, in jeder Substanz gebe es nur eine einzige substantielle Form. Richtig jedoch ist es zu sagen: *Wenn* eine Substanz zu einem gegebenen Zeitpunkt nur eine einzige substantielle Form haben kann, dann muß es sich bei der Materie, aus der die Substanz besteht, um eine Urmaterie in dem Sinn handeln, daß sie eine Materie ist, die zu diesem Zeitpunkt keine andere Form hat.

Die Urmaterie wird gelegentlich als eine geheimnisvolle, unbegreifliche und eigenschaftslose Wesenheit vorgestellt oder vielleicht eher als ein Nicht-Wesen: Sie wird definiert als etwas, von dem man keinerlei wirkliche prädikative Aussage machen kann, da man ihr mit der Zuweisung eines Prädikats eine Form zuschreiben würde, was im Widerspruch zu ihrer grundsätzlich formlosen Natur stehen würde. Aber wenn man die Materie als ihrem Wesen nach formlos beschreibt, ist das verwirrend und vieldeutig. Sprechen wir von einer Materie, die mit keiner Form vereint ist, oder von einer Materie, die keine Form hat?

In einer Hinsicht wäre formlose Materie eine Materie, die mit keiner Form vereint ist. Bezüglich dieses Sinns betont Thomas, es gebe nicht so etwas wie eine formlose Materie: Selbst Gott in seiner Allmacht könne keine Materie ohne Form ins Dasein rufen. Bei der Besprechung der Lehre einiger Kirchenväter, die Materie sei zunächst ungeformt erschaffen worden, sagt er:

Wenn man „unter Ungeformtheit des Stoffes den Mangel jeglicher Form versteht, so kann man unmöglich sagen, daß die

Ungeformtheit des Stoffes zeitlich seiner Formung oder seiner Scheidung vorausging. Bezüglich der Form ist das klar. Wenn nämlich der ungeformte Stoff der Dauer nach vorausging, so war er schon wirklich... Die Wirklichkeit des Seienden aber ist die Form. Also behaupten: Der Stoff sei ohne Form vorausgegangen, heißt ein Wirklich-Seiendes ohne Wirklichkeit annehmen. Das aber ist ein Widerspruch." (S I, 66, 1)

Doch in einem anderen Sinn kann man von der Materie durchaus sagen, daß sie formlos sei. Denn strenggenommen *hat* die Materie keine Formen. Ihre Beziehung zur Form ist nicht die des *Habens.* Was die Form *hat,* ist die Substanz, das Kompositum aus Materie und Form. Materie ist eine Art Potentialität: Wenn Luft in eine Flamme umgewandelt wird, zeigt das, daß die Luft die Potentialität hatte, Flamme zu werden. Die der Luft und der Flamme gemeinsame Materie ist genau durch ihre Fähigkeit bestimmt, daß das eine zum anderen werden kann. Aber nicht die Luft-Form hat die Potentialität zum Flamme-Sein; vielmehr ist es die Luft, die die Luft-Form und auch diese Potentialität hat.

Einerseits kann dann also Materie nicht existieren, es sei denn, sie sei mit der einen oder anderen Form vereint, und andererseits kann die Materie ein und dieselbe bleiben, wenn sie von einer Form in irgendeine beliebige andere wechselt. Aus diesem Grund besteht ein Unterschied zwischen der substantiellen und der akzidentellen Veränderung und den substantiellen Formen und den akzidentellen Formen. Wenn eine Substanz eine akzidentelle Form verliert und eine andere annimmt – wenn zum Beispiel ein Chamäleon seine Farbe wechselt –, gibt es immer eine Form, nämlich die substantielle Form (des Chamäleonseins), die durch alle Veränderungen hindurch bleibt. Aber wenn ein Materiestück zuerst ein Mensch und dann ein Leichnam ist, gibt es keine Form, mit der die Materie durch die gesamte Veränderung hindurch vereint bleibt.

Und so sagt Thomas über die Materie (in der *deutschen Thomas-Ausgabe* mit „Stoff" übersetzt):

„Denn der Stoff nimmt eine Form an, um ihr gemäß im Sein irgendeiner Art begründet zu werden, nämlich der Luft, des Feuers oder irgendeines anderen Dinges." (S I, 50, 2 ad 2)

„Der Stoff aber ist in Wirklichkeit seiend durch die Form. Was also aus Stoff und Form zusammengesetzt ist, hört auf, in Wirklichkeit Seiendes zu sein, dadurch, daß die Form vom Stoff getrennt wird." (S I, 50, 5)

Man könnte nicht in ähnlicher Weise sagen, daß eine Substanz tatsächlich nur dank ihrer Akzidentien existiere. Natürlich brauchen Substanzen, wie etwa die Menschen, eine Vielzahl von Akzidentien: Sie müssen irgendeinen Umriß haben, eine bestimmte Größe, eine bestimmte Farbe usw. Aber Substanzen existieren nicht und sind nicht, was sie sind, kraft dieser Akzidentien. Eine Substanz könnte jedes einzelne Akzidenz verlieren, ohne aufzuhören, das zu sein, was sie ist. Würde sie dagegen ihre substantielle Form verlieren, dann würde sie ganz zu existieren aufhören.

Bei der Betrachtung von Thomas' Akzidentien-Theorie haben wir in seinen Schriften nebeneinander einen abstrakten philosophischen Begriff und einen konkreteren landläufigen gefunden. Das gleiche gilt für seine Materie-Theorie. Manchmal spricht er von der Materie einfach als von der Potentialität zu substantieller Veränderung. Wenn er dann etwas als Materie bezeichnet, will er damit einfach sagen, es sei fähig, sich in eine andersartige Substanz zu verwandeln. Manchmal wird die Materie als das gedacht, was über die Fähigkeit zum Sich-Verändern *verfügt*: Das mag sich auf die Veränderung der Substanz selbst beziehen (wie man von einem Menschen sagen könnte, er sei unter anderem ein Brocken Materie) oder auf einen Teil der Substanz (so heißt es zum Beispiel, wenn wir sagten: „Luft verfügt über die Poten-

74

tialität zum Flamme-Sein", sprächen wir strenggenommen nur von jenem Teil der Luft, auf den die Aussage zutreffe, er *sei* die Flamme, wenn sie zur Flamme geworden sei (S III, 75, 8)).

Im landläufigen Sinn kann man vieles über die Materie aussagen, was im philosophischen Sinn Unsinn wäre. Von der Potentialität eines Gegenstands zur Veränderung kann man nicht sagen, sie sei in zwei Teile zerschnitten worden oder sie habe eine bestimmte Größe: Nur von der Materie als dem, was diese Potentialität *besitzt*, lassen sich Dimensionen aussagen. Das ist wichtig, weil es die Materie als das von Dimensionen charakterisierte Element ist, von der Thomas sagt, bei ihr handele es sich um das, was die Philosophen als das „Individuationsprinzip" in den materiellen Dingen bezeichneten. So meint er zum Beispiel, daß zwei Erbsen, die sich noch so gleichen mögen und zusätzlich zu ihrer substantiellen Form noch so viele akzidentelle Formen gemeinsam haben mögen, zwei Erbsen seien, und nicht eine, weil es sich um zwei verschiedene Materiestücke handele. Es scheint, wenn wir beim Nachdenken über die Materie Verwirrung vermeiden wollen, ist es am besten, sie nicht als Potentialität und auch nicht als Teil einer Substanz zu verstehen, sondern als Substanz, insofern sie zur Veränderung fähig ist.

Wenn wir Materie in diesem Sinn auffassen, können wir entsprechend auch die substantielle Form als das erklären, was ein Stück Materie zu einer Substanz bestimmter Art macht. (Diese Art kann natürlich oder künstlich sein; Thomas gesteht zu, daß ein von Menschenhand gemachtes Ding wie Brot eine Substanz sei (S III, 75, 6 ad 1).) Wenn wir sagen, die Form mache die Materie zur Substanz, dürfen wir das „machen" nicht falsch verstehen: Wir verwenden es in dem Sinn, in dem wir auch sagen könnten, der Umriß der Cheopspyramide mache diese zur Pyramide – wir bezeichnen damit nicht etwas, was von außen her auf ein anderes als Kausalursache einwirkt, wie wir etwa sagen, der Regen mache, daß das Gras wachse. Thomas' Lieblingsformulierung für

Form lautet: „das, wodurch oder kraft dessen ein Ding ist, was es ist" (*id quo aliquid est*). Eine substantielle Form ist das, kraft dessen ein Ding die Art Ding ist, die es ist; ja, sie ist das, kraft dessen es überhaupt existiert. Eine akzidentelle Form dagegen ist das, kraft dessen etwas F ist, wobei „F" irgendein Prädikat aus einer der Kategorien der Akzidentien ist.

Die substantiellen Formen materialer Objekte sind individuelle Formen. Peter, Paul und Johannes mögen alle eine gemeinsame substantielle Form haben, insofern jeder von ihnen die substantielle Form des Menschseins hat; aber wenn wir ihre Formen zählen, ergeben das Menschsein von Peter, das Menschsein von Paul und das Menschsein von Johannes drei Formen, nicht eine. Was Peter, Paul und Johannes drei Menschen sein läßt und nicht nur ein einziger Mensch, ist ihre Materie, nicht ihre Form; aber indem die Materie die Substanzen individuiert, individuiert sie auch ihre substantiellen Formen. Thomas hätte die platonische Vorstellung abgelehnt, Peter, Paul und Johannes seien alle dadurch Menschen, daß sie an einer einzigen gemeinsamen Form des Menschseins Anteil hätten (S I, 50, 2).

Thomas und seine Nachfolger sprechen gelegentlich so, als ob in einem Satz wie „Peter ist ein Mensch" oder „Sokrates ist weise" wir den Gehalt der Prädikate so erklären könnten, daß wir sagten, jedes von ihnen beziehe sich auf eine Form – im ersten Beispiel auf eine substantielle Form, im zweiten auf eine akzidentelle Form. Das kann schwerlich korrekt sein. Im ersten Fall ist klar, daß wir die Aussage: „Peter hat die substantielle Form des Menschseins" nur deshalb verstehen können, weil man uns sagt, das sei gleichbedeutend mit „Peter ist ein Mensch". Dabei wird das, was „Form" bedeutet, durch den Gehalt der Prädikate erklärt und nicht umgekehrt. Im zweiten Fall gelingt es der Theorie nicht, die Bedeutung falscher Aussagen zu erklären. Es scheint klar zu sein, daß alle Wörter in einem Satz ein und denselben Gegenstand bezeichnen müssen, ob der Satz nun wahr oder falsch ist. Wenn eine Frage die Antwort „Ja" oder „Nein" zuläßt, müssen sich alle Wörter in der Frage auf den gleichen Gegenstand beziehen, ganz gleich, wie die Antwort ausfällt. Aber wenn der Satz „Sokrates ist weise" falsch ist, gibt es nicht so etwas wie eine „Weisheit des Sokrates", auf die sich der Satz beziehen könnte.

Wenn Thomas sagt, materielle Körper seien aus Materie und Form zusammengesetzt oder Materie und Form seien Teile von Körpern, meint er damit nicht, Materie und Form seien Elemente, aus denen Körper gemacht seien, oder Einzelteile, in die sie aufgelöst werden könnten. Wie wir gesehen haben, gibt es keine Materie ohne Form; und Formen sind, anders als Körper, nicht aus irgend etwas gemacht. Vieles von dem, was Thomas über Formen sagt, scheint zu implizieren, daß sie nicht ohne Materie existieren können, genausowenig wie Materie ohne Form existieren kann. Wenn die Formen nicht als solche (nicht an sich selbst) existieren, sondern nur als das, kraft dessen Substanzen existieren, scheint es klar zu sein, daß es keine substantielle Form geben kann, die nicht die Form einer bestimmten Substanz wäre. Tatsächlich scheint Thomas das angenommen zu haben.

Doch überraschenderweise dachte Thomas, daß es zusätzlich zu den materiellen Substanzen, die aus Materie und Form bestehen, auch immaterielle Substanzen gebe, die aus reiner Form bestünden. So stellte er sich die Engel der jüdisch-christlichen Tradition vor, die er mit den von der griechischen und arabischen Astronomie postulierten kosmischen Intelligenzen gleichsetzte. Nun ist der Begriff einer Substanz, die in dem Sinn nicht materiell wäre, daß sie nicht aus andersartigen materiellen Substanzen erzeugt wäre oder in solche zerfallen könnte, nicht grundsätzlich unvorstellbar. Eine derartige Substanz könnte sogar intelligent sein: Ein unvergängliches kristallines Orakel, das der Bewegung, aber nicht der substantiellen Veränderung fähig wäre, wäre in diesem Sinn eine immaterielle Intelligenz. Diese Idee erscheint phantastisch, aber nicht unvorstellbar. Thomas

glaubte, die sichtbaren Himmelskörper seien in diesem einge-
schränkten Sinn immateriell: Sie bestünden aus einem fünften
Element oder einer „Quintessenz", die nicht über die Potentialität verfüge, irgendeine andere substantielle Form anzunehmen,
sondern nur ihren Aufenthaltsort verändern könne. Die Engel
dagegen hielt er für immateriell in dem strengeren Sinn, daß sie
reine Form seien.

Getreu seiner Lehre, daß in dem Fall, in dem die substantielle
Form zweier Dinge ähnlich sei, ihre Materie sie individuiere, behauptete Thomas, es könne nicht mehr als nur einen einzigen
immateriellen Engel von jeder beliebigen Art geben. Peter und
Paul gehörten der gleichen Spezies (Artnatur) an und stellten
unterschiedliche Materiekomplexe mit ähnlichen menschlichen
Formen dar; Michael und Gabriel dagegen seien jeder das einzige Mitglied einer jeweils anderen Spezies (Artnatur), so unterschiedlich voneinander wie etwa ein Menschen von einem Fisch
(S I, 50, 4).

Thomas' Spekulationen über die Engel sind immer wieder
deshalb faszinierend, weil sie von außen her Licht auf seine
philosophischen Theorien über weltlichere Wesenheiten werfen;
aber seine Lehre von den reinen Formen scheint ein Ausrutscher
in den Platonismus hinein zu sein, vor dem auf der Hut zu sein
er sich in seiner Darstellung der materiellen Substanzen ständig
ängstlich bemühte. Ich habe hier nicht vor, mich über die Vor-
stellbarkeit des Begriffs immaterieller Intelligenz auszulassen; ich
möchte nur sagen, daß, wenn man die Idee einer immateriellen
Substanz kohärent einbringen kann, man das besser dadurch tut,
daß man sie nicht als Muster einer reinen Form vorstellt, sondern
als Muster eines Typs von Substanz, auf den sich die Lehre von
Materie und Form nicht anwenden läßt. Aber selbst bezüglich
der materiellen Substanzen ist Thomas bereit, eine Ausnahme
von seiner grundsätzlichen These zuzulassen, daß die substantiellen Formen materieller Objekte nur im Dasein der Substanzen

existieren, deren Formen sie sind. Diese Ausnahme läßt er für den Fall der menschlichen Seelen zu.

Thomas betrachtete die Seelen der Menschen, ja aller Lebewesen, als Sonderfall substantieller Formen. Als Aristoteliker unterstellte er, Tiere und Pflanzen hätten genauso wie Menschen Seelen. Bei der Seele handelte es sich schlicht um das Lebensprinzip in organischen Lebewesen, und nichtmenschliche Organismen gibt es ja viele. Das spezielle Privileg der Menschen sei nicht der Umstand, daß sie eine Seele besäßen, sondern daß sie über eine rationale oder vernunftbegabte Seele verfügten. Nun wachsen Menschen genau wie Pflanzen und nehmen genau wie diese Nahrung zu sich; sie sehen und schmecken und laufen und schlafen genau, wie es die Tiere tun. Heißt das, daß sie zusätzlich zu ihrer Menschenseele auch eine Pflanzen- und eine Tierseele haben?

Viele von Thomas' Zeitgenossen bejahten diese Frage. Sie vertraten die Ansicht, im Menschen gebe es nicht nur als einzige Form die vernünftige Seele, sondern auch eine Tier- und eine Pflanzenseele; und obendrein legten einige noch eine weitere Form hinzu, die den Menschen zu einem Körperwesen mache. Es handelte sich dabei um eine Form der „Körperlichkeit", die die Menschen mit Baum und Stein gemeinsam hätten, genau wie sie mit den Tieren gemeinsam eine sensitive Seele und mit den Pflanzen eine vegetative Seele hätten.

Thomas lehnte diese Anhäufung substantieller Formen ab. Er behauptete, in einem Menschen gebe es nur eine einzige substantielle Form: die rationale Seele. Diese Seele steuere die animalischen und vegetativen Funktionen des Menschen, und es sei diese Seele, die den menschlichen Körper zu der Art Körper mache, der er sei; eine substantielle Form der Körperlichkeit, die den menschlichen Körper zum Körper mache, gebe es nicht. Würde es eine Vielzahl von Formen geben, so argumentierte er, dann könnte man nicht sagen, es sei ein und derselbe Mensch, der denke, liebe, fühle, höre, esse, trinke, schlafe und ein bestimmtes Gewicht und eine bestimmte Größe habe. Wenn ein Mensch sterbe, vollziehe sich eine substantielle Veränderung; und wie bei jeder substantiellen Veränderung hätten die beiden Pole der Veränderung nichts anderes gemeinsam als die Urmaterie.

Diese Überzeugungen des Thomas von Aquin riefen bei seinen Theologenkollegen Widerspruch hervor, und unter den 1277 zu Oxford verurteilten Sätzen waren die beiden folgenden:

„Die vegetativen, sensitiven und vernünftigen Seelen sind eine einzige unzusammengesetzte Form."
„Ein toter Körper und ein lebender Körper sind nicht Körper in ein und demselben Sinn."

Der theologische Widerstand gegen Thomas stützte sich auf Prämissen aus der Glaubenslehre. Zum Beispiel wurde argumentiert, wenn es zwischen dem lebenden Körper Christi und seinem ins Grab gelegten toten Körper nichts Gemeinsames gebe außer der Urmaterie, dann sei der Körper im Grab nicht der gleiche Körper wie der lebendige Körper Christi; und folglich sei er nicht als Gegenstand der Verehrung geeignet, wie sie in der christlichen Tradition üblich gewesen sei.

Im Laufe der Zeit nahmen die Theologen ihre Einwände zurück, und Thomas' Ablehnung der Annahme einer Mehrzahl von Formen wurde zur allgemeinen theologischen Auffassung. Allerdings gibt es ernsthafte philosophische Schwierigkeiten, wenn man die Seele einfach mit der Form gleichsetzt; oder, anders gesagt, es ist durchaus nicht klar, ob der aristotelische Begriff der „Form", so plausibel er an sich sein mag, dafür benützt werden kann, den Begriff der „Seele" verständlich zu machen, wie ihn Thomas und andere christliche Philosophen verwenden.

Das erste Problem ist das folgende. Wenn wir die menschliche Seele mit der aristotelischen substantiellen Form gleichsetzen, ist es ganz natürlich, den menschlichen Körper mit der aristotelischen Urmaterie gleichzusetzen. Aber Körper und Seele sind nicht genau das gleiche Begriffspaar wie Materie und Form. Das ist ein Punkt, auf den Thomas selbst hinweist: Die menschliche Seele stehe zum menschlichen Körper nicht im Verhältnis wie Form zu Materie, sondern wie Form zu Subjekt (S I–II, 50, 1). Ein Mensch ist nicht etwas, das einen Körper *hat*; er *ist* ein Körper, ein lebendiger Körper ganz besonderer Art. Der tote Körper eines Menschen ist kein menschlicher Körper mehr, ja auch nicht mehr ein Körper irgendwelcher anderer Art, sondern eher im Fortgang seiner Zersetzung eine Mischung aus vielen Körpern. Menschliche Körper sind wie alle anderen materiellen Gegenstände aus Materie und Form zusammengesetzt; und die Form des menschlichen *Körpers*, nicht die Form der Materie des menschlichen Körpers, ist die Seele des Menschen.

Der zweite Grund ist noch schwerwiegender. Genau wie wir bei Thomas einen philosophischen und einen landläufigen Begriff von *Akzidenz* und von *Materie* gefunden haben, so scheint in seinen Schriften auch der Begriff der *Form* einen doppelten Zweck zu erfüllen. Die Form des Menschseins wird – was sich von allein versteht – vorgestellt als das, wodurch ein Mensch Mensch ist oder als das, was den Menschen zum Menschen macht: „macht" ist, wie erläutert, im Sinne einer Formalursache gemeint, so wie wir sagen, ein bestimmter Umriß mache eine Metallstück zum Schlüssel oder eine bestimmte Struktur mache ein Molekül zum DNS-Molekül. Aber Thomas spricht oft davon, die Seele sei kausal verantwortlich – mittels ihrer Kräfte, des Verstands und des Willens – für die verschiedenen Aktivitäten, die das menschliche Leben ausmachen. Und hier handelt es sich bei der Kausalität um eine Wirkursache, also um die Art Ursache, für die wir heutzutage gewöhnlich das Wort „Ursache" reservieren, etwa wenn man sagt, die Hefe sei die Ursache, daß der Teig aufgehe, oder Moleküle der DNS seien die Ursache der Synthese von

Eiweißen. Von dieser Art Verhältnis ist also die Rede, wenn man uns sagt, die Seele sei das Lebensprinzip. Diese beiden Begriffe von Form scheinen voneinander verschieden und ohne Verwirrung unmöglich miteinander zu einem einzigen Begriff kombinierbar zu sein.

Drittens glaubte Thomas, die Seele des Menschen sei unsterblich und könne den Tod des Körpers überleben, um mit ihm bei der zukünftigen Auferstehung wieder vereint zu werden. Da er so die Seele mit der substantiellen Form des Menschen gleichsetzte, mußte er konsequenterweise glauben, daß die Form eines materiellen Gegenstands weiter fortbestehen könne, wenn dieser Gegenstand zu sein aufgehört habe. In Übereinstimmung mit seiner Auffassung, ein Mensch sei eine besondere Art Körper, stellte er in Abrede, daß eine entkörperte Seele ein Mensch sei; aber er war der festen Überzeugung, daß sie ein identifizierbares Individuum bleibe, was ihn wiederum in eine Reihe von Widersprüchen führte. Er mußte behaupten, eine menschliche Seele sei individuiert, auch wenn keine sie individuierende Materie vorhanden sei. Dabei war es ja nach seiner eigenen Theorie die Materie, die die Form individuiere. Er behauptete, individuelle entkörperte Seelen könnten auch nach dem Ableben der Menschen, deren Seelen sie waren, weiterhin denken und wollen, und das trotz seiner eigenen häufig geäußerten Ansicht, daß dort, wo menschliches Denken und Wollen stattfinde, es nicht der Verstand oder der Wille, sondern der Mensch sei, der das Denken und Wollen tätige (z. B. G II, 73). Wenn die substantielle Form von Peter das ist, was Peter zum Menschen macht, wie kann sie dann weiterhin existieren, wenn der Mensch Peter tot und nicht mehr da ist? Das Menschsein eines Menschen ist bestimmt etwas, was aufhört, wenn dieser Mensch aufhört zu sein.

Die Lehre vom Weiterleben der substantiellen Form gerät in Konflikt mit der wichtigsten These Thomas' über die Form: die These, die Form und *esse* oder Dasein miteinander verknüpft.

Zu *sein* bedeutet, weiterhin im Besitz einer bestimmten Form zu sein: *omnis res habet esse per formam.*

Wir müssen uns jetzt der Lehre des Thomas von Aquin vom *esse* zuwenden. „Esse", das lateinische Wort für „sein", wird in vielen Fällen so verwendet wie das deutsche „sein"; und zusätzlich gibt es noch weitere Verwendungsmöglichkeiten. Es läßt sich als Verbindungsglied (Kopula) benützen, das in einem Satz das Subjekt mit dem Prädikat verknüpft, also in Sätzen wie etwa „Sokrates ist weise" oder „Du bist ein Tor". Es kann auch die Existenz anzeigen, in Sätzen wie: „In Brasilien gibt es (im Sinne von: existiert) eine Pflanze, die Insekten frißt" oder „Cäsar ist nicht mehr" (im Sinne von: existiert nicht mehr). Das lateinische Verb für sich kann als grammatikalisches Prädikat verwendet werden, um auszusagen, daß das mit dem Subjekt Bezeichnete tatsächlich existiert, also etwa: „Deus est", „Gott ist" (im Sinne von: „Gott existiert").

Die Existenz kann als solche von einem Subjekt auf verschiedene Weisen ausgesagt werden, wie die beiden obigen Beispiele veranschaulichen. Wenn wir das Verbum „existiert" verwenden, sagen wir, daß es etwas, was wir beschreiben, in der Realität tatsächlich gebe, oder wir setzen eine bestimmte Vorstellung gegenwärtig: Mit der Aussage „König Artus hat nie existiert" oder „Gott existiert" meinen wir, in der Realität habe es nie jemanden gegeben, der den Beschreibungen entsprochen hätte, die die Geschichtenerzähler uns von König Artus überliefert haben; oder daß es in der Realität, und nicht nur als Romanfigur oder Phantasiegestalt oder als Illusion eine Wesenheit mit den Attributen der Göttlichkeit gebe. Wir könnten das als „spezifisches Existieren" bezeichnen: Es handelt sich um die Existenz von etwas, das einer bestimmten Spezifizierung entspricht, also um etwas, das als Beispiel für eine Spezies steht, zum Beispiel für eine insektenfressende Pflanze. Aber wenn wir sagen: „Julius Cäsar ist nicht mehr", sprechen wir nicht von einer Spezies, sondern von einem historischen Individuum und sagen von ihm, daß es nicht mehr lebe, nicht mehr zu den Dingen gehöre, die leben, sich bewegen und ihr Dasein in der Welt haben. Das könnten wir als „individuelles Existieren" bezeichnen.

Mit dem lateinischen Verb „esse" lassen sich beide Arten von Existenz aussagen. So könnte man „Deus non est" – wörtlich übersetzt: „Gott ist nicht" – dazu verwenden, um entweder zu sagen, daß es nichts derartiges wie Gott gebe (also daß Gott eine reine Erfindung sei und immer gewesen sei), oder daß Gott nicht mehr sei, daß Gott also tot sei, und zwar im ganz buchstäblichen Sinn, daß der Schöpfer der Welt verstorben sei (eine Hypothese, die gelegentlich von Philosophen formuliert wird, um zu erklären, warum sich die Welt in einem so traurigen Zustand befinde).

Thomas macht oft Unterscheidungen zwischen verschiedenen Bedeutungen von „esse". Er unterscheidet zum Beispiel zwischen dem „esse" als Verbindungsglied *(copula)* und dem „esse" des individuellen Existierens. Hier sind zwei typische Stellen:

„Das Zeitwort ‚sein' findet sich in zweierlei Bedeutung vor… Einmal bezeichnet es das Sein (= Da-sein) als Verwirklichtsein (oder: als Wirklich-sein, *actus essendi).* Zweitens wird es gebraucht, um die Verbindung zwischen Subjekt und Prädikat eines Satzes herzustellen, der als solcher nur im Denken Sein hat." (S I, 3, 4 ad 2)

„Von ‚sein' (lat.: ‚esse') spricht man auf zweifache Weise… Einmal ist es ein Verbindungswort (Kopula) und bezeichnet die Zusammenstellung von jeder Art von Satz, den der Verstand bildet: Diese Art von ‚sein' ist folglich nicht etwas in der Natur der Dinge, sondern nur im Verstand, der positive oder negative Aussagen macht. In diesem Sinn wird ‚sein' von allem ausgesagt, wovon Aussagen gemacht werden können, mag es sich um ein Seiendes handeln oder einen Mangel von Seiendem, so wie wir etwa sagen, es gebe (= sei) Blindheit. Ein andermal bezeichnet es die Wirklichkeit eines Seienden, insofern es ein Seiendes ist (den ‚*actus entis in quantum est ens*‘, den ‚Akt eines Seienden, insofern es ein Seiendes ist‘).“ (Q 9,3)

Das Verbum „sein“ kommt als Kopula in Sätzen wie „Sokrates ist weise“ vor. Man könnte sagen, in einem solchen Satz „bezeichne“ es – im Sinn von „ausdrücken“ oder „bewirken“ – die Verkoppelung des Subjekts „Sokrates“ und des Prädikats „weise“ zur Aussage des Satzes. (Daß es auf diese Weise etwas „bezeichne“, bedeutet nicht, daß es sich auf die gleiche Weise auf etwas beziehe oder etwas anzeige, wie das Wort „Sokrates“ etwas bezeichnet.) Nicht alle Sätze in der Subjekt-Prädikat-Form enthalten in dieser Form das Verbum „sein“, etwa der Satz „Churchill raucht“. Aber im Anschluß an Aristoteles behauptet Thomas, jeder derartige Satz enthalte implizit eine *copula*, die sich explizit machen lasse, hier in der Form: „Churchill ist Raucher“ (M V. 8, 889). Heutige Logiker formen Subjekt-Verb-Sätze nicht mehr in Subjekt-Kopula-Prädikat-Sätze um, sondern steuern logisch in die Gegenrichtung: Sie nehmen nicht „weiß“, sondern „ist weiß“ als Prädikat des Satzes „Sokrates ist weiß“. Oder genauer: Als Prädikat nehmen sie „… ist weiß“, d. h. das, was vom Satz übrigbleibt, wenn man die Subjekt-Bezeichnung daraus entfernt.

Es ist verwirrend, wenn Thomas in dem oben angeführten zweiten Zitat die Formulierung „Es ist (gibt) Blindheit“ als Beispiel für den Einsatz des *esse* als *copula* gibt, da es sich hier überhaupt nicht um einen Subjekt-Prädikat-Satz zu handeln scheint. Er scheint damit das Grundprinzip aufzustellen, daß man immer dann, wenn man eine Aussage in der Form „S ist P“ konstruieren kann, auch sagen kann: „P-heit ist (d. h. gibt es)“ oder „Es ist (gibt) P-heit“. Meint er, eine Aussage der Form „P-heit ist“ bedeute das gleiche wie: „Aussagen können mit ‚P‘ als Prädikat gebildet werden“, oder meint er, diese Aussage sei gleichbedeutend mit: „Etwas ist P"? Aus anderen Stellen bei ihm wird deutlich, daß er die zweite Lesart im Sinn hat. So sagt er:

> „‚Esse' bezeichnet zuweilen das Wahrsein einer Aussage, selbst in Fällen von Dingen, die kein Sein haben, wie wir etwa sagen, es sei (= gebe) Blindheit, weil es wahr ist, daß ein Mensch blind ist." (P 7, 2)

Eindeutig geht es um die *Wahrheit* von Aussagen der Form „S ist P" und nicht um die bloße Möglichkeit, sie zu bilden. „Es ist (gibt) Blindheit" wäre nicht länger wahr, wenn die Weltgesundheitsorganisation es zustande brächte, daß kein Mensch auf der Welt mehr blind wäre. Trotzdem wäre es natürlich weiterhin möglich, Aussagen in der Form von „X ist blind" zu bilden – nur wären das dann unter derart idealen Verhältnissen falsche Aussagen.

Wo immer wir also eine wahre Aussage in der Form von „S ist P" haben, können wir sagen: „Es gibt P-heit". Aber nicht alles, was in diesem Sinn *ist*, *ist* auch im entgegengesetzten Sinn, der die Wirklichkeit des Seienden bezeichnet. Blindheit ist nicht etwas Positives, ist keine Fähigkeit wie das Sehenkönnen; bei ihr handelt es sich um das Fehlen einer Fähigkeit. Für Thomas haben nur positive Realitäten ein Sein oder *esse* im Sinn der Nicht-*copula*; negative Realitäten haben es nicht. Mit der „Wirklichkeit des Seienden" ist also eine individuelle Existenz gemeint, wie wir den Begriff vorhin erklärt haben.

Nicht nur Substanzen, sondern auch Akzidentien können eine individuelle Existenz haben. Nicht aufgrund der Tatsache, daß die Blindheit keine Substanz ist, besitzt sie nicht die Wirklichkeit eines Seienden, sondern weil sie eher ein negatives als ein positives Attribut ist. So wird uns erklärt:

> „Sein in diesem Sinn wird nur von Dingen ausgesagt, die unter die zehn Kategorien fallen, weshalb das von einer solchen

Sorte von Existenz ausgesagte Sein in zehn Arten aufgegliedert wird. Aber diese Sorte von Sein wird von Dingen auf zwei Weisen ausgesagt.

Einmal wird es ausgesagt von dem, das eindeutig und wahrhaft ‚Sein hat' oder ‚ist'. In diesem Fall wird es also nur von einer Substanz ausgesagt, die aus sich selbst heraus ist (subsistiert)…

Alle die Dinge dagegen, die nicht aus sich selbst sind (subsistieren), sondern in einem anderen und mit einem anderen existieren, sei es als Akzidentien oder als substantielle Formen oder als irgendwelche Bestandteile davon, haben nicht Sein in dem Sinn, daß sie wirklich selbst *sind*, sondern von ihnen wird auf eine andere Weise Sein ausgesagt: Sie *sind* das, *wodurch* etwas ist *(quo aliquid est)*, gerade so wie gesagt wird, daß das ‚Weiß-Sein' *ist*, nicht weil es aus sich selbst heraus ist, sondern weil durch es etwas bestimmtes anderes weiß ist *(habet esse album)*." (Q 9, 3)

In Abschnitten wie dem gerade zitierten sieht sich der Übersetzer gezwungen, abweichend vom heutigen Sprachgebrauch das „ist" als für sich stehendes Prädikat zu verwenden, wie in den kursiv gedruckten Fällen. Zudem mußte das deutsche Wort „sein" in jeweils verschiedenen Kontexten für drei unterschiedliche lateinische Wörter einstehen: für den Infinitiv „esse" („Sein" als Verbalnomen verwendet, wie im Fall des ersten Wortes des gerade angeführten Zitats); für das Gerundium des mittelalterlichen Lateins „essendum" (mit einem ähnlichen Sinn, aber mit einer klareren Konstruktion in Kontexten wie „der Akt des Seins", „actus essendi"); sowie für das Partizip „ens", ebenfalls eine mittelalterliche Prägung, die „das Seiende", also „das, was ist", bedeutet, genau wie „das Lebende" „das, was lebendig ist", bedeutet.

Die Philosophen und Logiker, die im zwanzigsten Jahrhundert über das Problem der Existenz nachdachten, konzentrierten sich auf die Frage der spezifischen Existenz, und um der logischen Klarheit willen zogen sie es vor, Aussagen über die spezifische Existenz in die Form „Es ist (gibt)…" zu fassen. Daher wird jeder Satz mit der Form „Fs existieren" zu logischen Zwecken umgeschrieben. „Es ist (gibt) zumindest ein $x$, von dem gilt: ,$x$ ist F'", oder einfacher: „Etwas ist F." Ein Grund, weshalb die Logiker diese Form bevorzugen, besteht darin, daß es damit leichter fällt, sinnvolle negative Daseinsaussagen zu formulieren, wie etwa: „Außerirdische Intelligenzen gibt es nicht." Wenn wir diese Formulierung als direkten Subjekt-Prädikat-Satz nehmen, scheinen wir uns zu verheddern: Denn wenn es wahr ist, daß es im Universum nichts zu geben scheint, auf das sich das Subjekt „außerirdische Intelligenzen" beziehen könnte, dann bleibt völlig unklar, auf *was* wir nun eigentlich das Prädikat des Nicht-Existierens anwenden. (Wir können nicht sagen, daß wir dieses Prädikat des Nicht-Existierens auf die Phantasiegestalten in den Köpfen mancher Leute anwenden, denn diese Phantasiegestalten existieren darin ja tatsächlich, unabhängig davon, ob das auch die außerirdischen Wesen tun oder nicht.) Formulieren wir dagegen: „Es gibt kein $x$, von dem gilt: ,$x$ ist eine außerirdische Intelligenz'." oder: „Nichts im Universum ist eine außerirdische Intelligenz", so verschwindet dieses Problem.

Heutige Philosophen zitieren oft das Schlagwort: „Existenz ist kein Prädikat." Das heißt, daß Aussagen über die spezifische Existenz nicht als prädikative Aussagen über irgendein Individuum betrachtet werden sollten. Andererseits beziehen sich Aussagen über individuelle Existenz, wie etwa: „Das Grab des heiligen Petrus gibt es noch" genau auf das, wofür ihr Subjekt steht.

Jetzt sind wir in der Lage, uns Thomas' berühmteste Lehre im Blick auf das *esse* genauer anzusehen: seine These nämlich, daß in allen geschaffenen Dingen Wesen *(essentia)* und Existenz *(existentia)* verschieden voneinander seien, während in Gott Wesen und Existenz zusammenfielen. Diese Lehre läßt sich auf mehrere unterschiedliche Weisen verstehen, da es mehr als ein Verständnis von „Wesen" gibt und „Existenz" die spezifische oder die individuelle Existenz bezeichnen kann.

In seinem Frühwerk *De Ente et Essentia* führte Thomas diese Unterscheidung auf die folgende Weise ein. Jedes Wesen kann man sich vorstellen, auch wenn man gar nicht weiß, ob es tatsächlich existiert; denn ich kann mir einen Phönix genauso vorstellen wie einen bestimmten Menschen und brauche dazu nicht zu wissen, ob es die betreffenden Dinge in der Realität tatsächlich gibt *(esse habeant in rerum natura)*: Was ein Ding ist, ist verschieden und unabhängig von der Frage, ob es ein solches Ding gebe, das heißt, seine *quidditas* unterscheidet sich von seinem *esse*. Hier ist klar, daß es um die spezifische Existenz geht; in heutiger Terminologie gesprochen, sagt Thomas, man könne sich einen klaren Begriff vom Vogel Phönix machen, auch wenn man nicht wisse, ob es ein konkretes Beispiel dafür gebe. Es leuchtet auch ein, was mit der „Quiddität", der „Washeit" eines Phönix gemeint ist, nämlich einfach die Bedeutung des Wortes „Phönix". Da es keinen wirklichen Phönix gibt, steht außer Frage, die Natur des Phönix auf irgendeine Weise naturwissenschaftlich erforschen zu wollen. So verstanden, scheint die Lehre vom Unterschied zwischen Wesen (Sosein) und Existenz (Dasein) vollkommen korrekt zu sein; aber wenn man sie so versteht, ist die Lehre, Gottes Wesen sei mit seiner Existenz identisch, offensichtlich Unsinn. Sie würde bedeuten, daß zu wissen, daß Gott existiere, das gleiche sei, wie zu wissen, was das Wort „Gott" bedeute, und als Antwort auf die Frage „Was bedeutet ‚Gott'?" könnte man sinnvollerweise sagen: „Es gibt ihn."

In anderen Werken sagt Thomas klar, wenn er von Existenz spreche, meine er die individuelle Existenz eines bestimmten Geschöpfs, und mit dem Wesen eines bestimmten Geschöpfs meine er etwas Individuelles im Sinn seiner individualisierten Form. So ist die Existenz eines bestimmten Hundes namens Fido etwas,

was beginnt, wenn Fido zur Welt kommt, und was aufhört, wenn Fido stirbt; das Wesen von Fido ist etwas, das nicht ein bißchen weniger individuell ist als Fidos Seele.

Wenn Thomas folglich in der *Summa Theologiae* sagt, in Gott seien Wesen (Sosein) und Existenz (Dasein) nicht verschieden, will er damit sagen, jede Existenz, die sich von dem ihr zugehörigen Wesen unterscheide, müsse eine Existenz sein, die von etwas verursacht sei, das außerhalb des Dinges sei, dessen Existenz es sei. Er begründet das damit, daß wir nicht sagen könnten, Gott habe eine Ursache außerhalb seiner selbst, und folglich müßten wir sagen, in ihm seien Wesen (Sosein) und Existenz (Dasein) nicht verschieden (S I, 3, 4). In Abschnitten wie diesem ist klar, daß z. B. das Wesen eines Hundes nicht einfach das gleiche ist wie die Bedeutung des Wortes „Hund“: Es wäre unsinnig zu behaupten, die Bedeutung eines Wortes „F“ übe einen Einfluß auf die Existenz aller Fs aus, der sich mit der kausalen Verursachung vergleichen ließe, die darin besteht, daß die Elterntiere des Hundes diesen Hund ins Dasein bringen. Aber es ist nicht auf die gleiche Weise unsinnig, sich eine Seele als etwas in einem Tier vorzustellen, das die Kausalursache dafür ist, daß dieses Tier weiterhin existiert. Diese Vorstellung mag durchaus sinnvoll erscheinen; aber selbst dann ist es klar, daß die Seele eines Hundes etwas ziemlich anderes als die Bedeutung des Wortes „Hund“ ist.

Wenn wir Wesen und Existenz in diesem Sinn verstehen, ist an der Lehre, in Gott seien Wesen und Existenz nicht voneinander verschieden, nichts offensichtlich Unsinniges mehr. Aber was machen wir mit der Unterscheidung von Wesen und Existenz bei Geschöpfen? Können wir sagen, Fidos Wesen und Fidos Existenz seien voneinander verschieden?

Das können wir eindeutig nicht, wenn wir damit meinen, man könne das eine ohne das andere haben. Für einen Hund bedeutet Existenz einfach, weiterhin Hund zu sein, und für einen Menschen bedeutet seine weitere Existenz, weiterhin über seine Menschennatur bzw. sein menschliches Wesen zu verfügen. Wenn Peter weiterhin existiert, ist das das gleiche, wie daß Peter weiterhin sein Wesen besitzt; wenn er zu existieren aufhört, hört er auf, ein Mensch zu sein, und umgekehrt.

Manche Philosophen haben geglaubt, es gebe das individualisierte Wesen nicht-existierender Dinge. So habe es zum Beispiel schon lange, bevor Adam und Eva erschaffen wurden, so etwas wie das Wesen von Adam und das Wesen von Eva gegeben, und die Erschaffung von Adam und Eva habe genau darin bestanden, daß Gott diesen Wesenheiten Existenz verliehen, diese Potentialitäten also aktualisiert habe. Für jemanden, der auf diese Weise denkt, erscheint das Verhältnis von Existenz zu Wesen genau parallel zu sein zu demjenigen von Materie zu Form oder von Substanz zu Akzidenz: Bei allen dreien würde es sich um die Verwirklichung einer Möglichkeit handeln. Aber obwohl die Redeweise von Thomas gelegentlich solche Vorstellungen weckt, ist er doch gewöhnlich darin sehr eindeutig, daß die Schöpfung nicht die Aktualisierung irgendeiner bereits vorhandenen Potentialität beinhaltet. Er war – sicher zu Recht – der Überzeugung, daß, es keine Aktualisierung ohne Individuation geben könne (was immer in der Welt existiert, ist individueller, nicht allgemeiner Natur). Genausowenig sei auch eine Individuation ohne Aktualisierung möglich (nur was tatsächlich existiert, kann identifiziert, individuiert, registriert werden). Ist dann nicht die reale Unterscheidung zwischen Wesen und Existenz uneinsichtig oder zumindest nichtssagend?

Ein Versuch, einen Sinn in dieser Lehre zu finden, besteht darin, sich zu erinnern, daß Thomas es für vorstellbar, wenn auch für falsch hielt, die Welt könnte schon immer existiert haben. Hätte sie schon immer existiert, wäre sie dennoch geschaffen und würde auch dann seit aller Ewigkeit ihr Dasein Gott verdanken. Auf ähnliche Weise gilt: Obwohl es keinen Zeitpunkt gibt, zu dem das Wesen Peters real existiert, während Peter nicht existiert, bleibt es aber dennoch die ganze Zeit der Existenz Peters hindurch wahr, daß er nie existiert haben könnte, wenn Gott das so gewollt hätte. Wenn man sagt, sein Wesen sei von seiner Existenz verschieden, würde das dann heißen, daß man sagte, an ihm sei nichts, auf Grund dessen man schließen könnte, er habe existieren müssen. Seine Existenz ist nicht notwendig; sie ist, wie die Philosophen sagen, ein kontingenter Sachverhalt. Sie kann durch keinerlei „ontologischen Beweis" bewiesen werden, der lediglich auf der Bedeutung von Worten beruht.

Zudem könnte man für eine Unterscheidung zwischen Wesen und Existenz bei den Geschöpfen auch noch das folgende Argument vorbringen: Während es wahr ist, daß die Existenz jedes Geschöpfes genau so lange Zeit währt wie sein Wesen, gibt es doch diesen Unterschied: Seine Existenz zu einem Zeitpunkt $t_1$ hat keine Folgen für seine Existenz zu einem späteren Zeitpunkt $t_2$, während sein Wesen zu einem Zeitpunkt $t_1$ Folgen haben kann für seine Existenz zu einem späteren Zeitpunkt $t_2$. Ein Mensch pflegt eine gewisse Zeitlang zu leben; ein radioaktives Element pflegt mit einem bestimmten Tempo zu zerfallen. Von diesen Vorgängen könnte man mit gutem Grund sagen, sie seien ein Wesensbestandteil dieser Geschöpfe: Sie bestehen weiterhin oder sie hören auf infolge ihrer Eigenart. Von ihrem Wesen könnte man daher auf eine leicht irreführende, aber einsichtige Weise sagen, daß es sie je nach den betreffenden Umständen fortbestehen oder zu existieren aufhören lasse. Ihr Wesen wäre damit von ihrer Existenz verschieden, wie die Ursache von der Wirkung verschieden ist.

Das, so denke ich, ist die bestmögliche Weise, diese Lehre verständlich zu machen. Die Unterscheidung zwischen Wesen und Existenz mag man noch so wohlwollend interpretieren, sie erscheint jedoch als unglückliche Wahl, wenn man einen radikalen Unterschied zwischen Gott und den Geschöpfen vorzustellen versucht. Denn wenn man nicht an die präexistente Potentialität von Geschöpfen glaubt, sind ihr Wesen und ihre Existenz gleichermaßen kontingent. Zudem könnte man nichts über das Wesen eines bestimmten Geschöpfs wissen, ohne dadurch auch zu wissen, daß dieses Geschöpf existiert. Außerdem greift nach Thomas selbst im Fall Gottes, wo Wesen und Existenz identisch sind, kein ontologischer Beweis. Und wenn das Wesen von Geschöpfen als Ursache für die vergängliche Existenz dieser Geschöpfe betrachtet werden kann, warum kann dann nicht das Wesen Gottes als die Ursache für Gottes immerwährende Existenz angesehen werden? Gott hat schon immer gelebt und wird immer leben aufgrund seiner Artnatur.

Die Lehre, in Gott seien Wesen und Existenz identisch, ist in sich vieldeutig. Manchmal stellt Thomas diese These so vor, als bedeute sie einfach, der Unterschied zwischen Wesen und Existenz, den er bei den Geschöpfen machte, sei nicht auf Gott anwendbar, weil Gott bar jeder Komplexität oder Zusammensetzung und folglich auch nicht aus Wesen und Existenz zusammengesetzt sei. Ganz im Sinn dieser Art, diese Lehre vorzustellen, sagt Thomas häufig, daß wir das Wesen Gottes nicht kennen und dazu auch gar nicht in der Lage sind, obwohl wir natürlich wüßten, was das Wort „Gott" bedeute, denn sonst könnten wir von Gott überhaupt nicht reden (z. B. S I, 2, 2 ad 3; siehe unten S. 109).

Aber an anderen Stellen spricht Thomas auf eine Weise von der Lehre, Gottes Wesen sei seine Existenz, als bedeute sie, daß wir tatsächlich die Antwort auf die Frage „Was ist Gottes Wesen?" kennen, nämlich daß sie laute: Es bestehe im *esse*. So bietet er in *De Potentia* den folgenden Beweis, daß in Gott *esse* und Natur oder Wesen dasselbe seien. Wo immer Ursachen, deren besondere Wirkungen unterschiedlich sind, eine gemeinsame Wirkung erzielen, muß die gemeinsame Wirkung kraft irgendeiner höheren Ursache zustandekommen, deren besondere Wirkung sie ist. Zum Beispiel haben Pfeffer und Ingwer neben ihren ihnen eigenen Wirkungen auch die Wirkung gemeinsam, daß sie Hitze erzeugen; sie tun das kraft der Kausalursache Feuer, dessen eigentümliche Wirkung Hitze ist.

„Alle geschaffenen Ursachen haben eine gemeinsame Wirkung, nämlich ‚zu sein' (‚esse'), auch wenn jede Ursache auf eine charakteristische Weise verschiedene Wirkungen besitzt. So macht die Hitze, daß etwas heiß *ist*, und ein Hausbauer macht, daß ein Haus *ist*. Sie stimmen folglich darin überein, daß sie ‚Sein' verursachen, sind aber darin voneinander verschieden, daß das Feuer Hitze verursacht, der Hausbauer aber ein Haus. Folglich muß es eine übergeordnete Ursache geben, kraft derer sie alle bewirken, daß Dinge sind, und ‚zu sein' ist die charakteristische Wirkung dieser Ursache. Diese Ursache ist Gott. Der jeder anderen Ursache eigentümliche Effekt erfließt aus dieser Ur-Ursache, jeweils gemäß der Eigenart ihrer Natur. Daraus folgt, daß das ‚zu sein' selbst die Substanz oder Natur Gottes ist." (P 7, 2 c)

Aus diesem Abschnitt werden zwei Dinge klar. Erstens sagt Thomas nicht einfach, die Unterscheidung zwischen Existenz und Wesen lasse sich auf den Fall Gottes nicht anwenden, weil diese Begriffe selbst unangemessen oder ihm nicht gemäß seien. Er sagt, Gottes Wesen sei: *zu sein*, und zwar auf die gleiche Weise, wie es das Wesen des Feuers sei, *heiß zu sein*. Zweitens sagt er, dieses „Sein" ist ein sehr allgemeines Attribut; oder vielleicht sollten wir sagen, dieser Vollzug „zu sein" bezeichnet eine sehr allgemeine Aktivität. Alles, was etwas ist, das heißt, jegliches, was irgendeine akzidentelle oder substantielle Form besitzt, also jegliches, von dem irgendeine wahre prädikative Aussage gemacht werden kann, besitzt dieses Attribut bzw. übt diese Aktivität aus. Das so verstandene „esse" scheint entweder ein variables Prädikat zu sein (in diesem Sinn bedeutet die Aussage „$x$ ist": „bei manchen F ist $x$ F", d. h., es gibt ein Prädikat, das für $x$ wahr ist) oder aber eine Aufteilung von Prädikaten (in diesem Sinn bedeutet die Aussage „$x$ ist": „$x$ ist entweder F oder G oder H …" und so weiter mit der Liste der Prädikate). Ein derartiges Prädikat, könnten wir sagen, scheint der völlig informationslose höchste (aber zugleich minimalste) gemeinsame Nenner aller Prädikate zu sein; doch wäre das so verstandene Sein ein zu inhaltsloses und universales Attribut, als daß es das Wesen von irgend etwas sein könnte. Zudem scheint es mit dem Begriff des *reinen* Seins, wenn er so verstanden wird, eine besondere Schwierigkeit zu geben.

Diese Schwierigkeit kommt gut zum Ausdruck, wenn Thomas selbst einen Einwand gegen die Aussage vorbringt, in Gott seien Wesen und Existenz ein und dasselbe (S I, 3, 4 Einwand 1):

„Wenn in Gott Wesenheit und Sein dasselbe sind, erfährt das Sein Gottes keine nähere Bestimmung (durch die es erst den Charakter eines göttlichen Seins erhalten würde). Das Sein aber ohne nähere Bestimmung ist das allgemeine Sein, das von allen Dingen ausgesagt wird. Also wäre Gott das allgemeine Sein, das man von allen Dingen aussagt. Das widerspricht aber den Worten der Schrift (Weish 14, 21): ,Den Namen, den man keinem Wesen beilegen darf, legten sie Bäumen und Steinen bei.' Also ist das Sein Gottes nicht dasselbe wie sein Wesen."

Das allgemeine *esse* scheint das in dem Abschnitt aus *De Potentia* beschriebene *esse* zu sein, das tatsächlich dem Feuer und jedem Haus eigen ist und daher vermutlich genauso jedem Baum und Stein. Hier in der *Summa* sagt Thomas, es sei nicht dieses *esse*, das

das Wesen Gottes ausmache. *„Esse* ohne Zusatz", sagt er, würde ein *„esse* bedeuten, das nichts näher spezifiziert", oder ein *„esse,* das keine weitere Spezifizierung zuläßt". Das allgemeine *esse* ist ein *esse,* das nichts aussagt, das die Artnatur eines Gegenstands näher bestimmt. Wenn man mir sagt: „Flora *ist",* erhalte ich keine Auskunft darüber, ob Flora ein Mädchen oder eine Gottheit oder ein Wirbelsturm ist, obwohl darin steckt, daß sie jedes davon sein könnte. Aber Gottes *esse* ist ein *esse,* das keine weitere Spezifizierung gestattet. Andere Dinge sind Menschen oder Hunde oder Wolken, aber Gott ist nicht irgend etwas, sondern er ist schlechthin (S I, 3, 4 ad 1).

Ist aber das „esse", das Gottes Wesen bezeichnet, wie das „esse", das man jedem Ding zusprechen kann, ausgenommen, daß es nicht die Hinzufügung weiterer Prädikate erlaubt, dann ist es ein völlig unverständliches Prädikat. Es ist dann nämlich gleichbedeutend mit einem variablen Prädikat, das durch kein anderes Prädikat ersetzt werden kann, oder mit einer Disjunktion[*] von Prädikaten, die vom einen Gegenstand wahr ist, obwohl keines der disjunktiv geordneten Prädikate von ihm wahr sind. Wenn das mit der Aussage gemeint ist, Gott sei „reines Sein" (reiner „Seinsvollzug"), dann bringt diese Lehre nichts als Verwirrung.

Jemand könnte einwenden, es sei nicht korrekt, das Verhältnis von „sein" zu „ein Haus sein" zu verstehen wie das Verhältnis, das zwischen einer Variablen[**] und deren Ersetzung durch ein Prädikat besteht, oder wie das Verhältnis einer Disjunktion zum disjunktiv geordneten Prädikat. Vielleicht meint Thomas, daß ein Haus, während es existiert, *zwei* Dinge realisiert oder vollzieht:

---

[*] Eine Disjunktion bezeichnet in der Aussagenlogik die Verbindung von zwei Aussagen durch eine „entweder p oder q" Zuordnung. Die Disjunktion ist dann wahr, wenn beide Aussagen einen verschiedenen Wahrheitswert haben.

[**] Eine Variable bezeichnet in der Logik eine Leerstelle eines vorgegebenen Bereichs, die durch einen Terminus oder Begriff ersetzt werden kann.

(a) ein Haus zu sein und (b) einfach nur zu sein. Hier wäre „zu sein" nicht wie bisher eine unspezifische Beschreibung dessen, was es tut, indem es ein Haus ist, sondern eher eine Beschreibung von etwas anderem, was es zusätzlich tut oder vollzieht. Aber der einzige Sinn, den wir anscheinend mit diesem „Seinsvollzug" verbinden können, ist der, unter den anderen seienden Dingen zu sein, also im Universum des Existierenden vorhanden zu sein. Doch wollte man in diesem Sinn sagen, Gott sei „reines Sein", würde das, wie wir vorhin bereits gesehen haben, heißen, man sagte, Gottes Wesen bestehe darin, so etwas wie Gott zu sein, was wiederum keinen Sinn macht (siehe oben S. 89).

Der vielversprechendste Schlüssel, den uns Thomas bietet, um seiner Lehre vom Wesen und Dasein einen Sinn abzugewinnen, ist seine häufige Verwendung des aristotelischen Spruchs „vita viventibus est esse": „für Lebewesen heißt Leben: zu sein". Versuchen wir also, dem Terminus „sein" einen Sinn abzugewinnen, indem wir ihn mit „leben" vergleichen. Mein Leben besteht aus vielerlei Aktivitäten: Ich gehe, ich esse, ich schlafe, ich denke. Während ich all das tue, lebe ich; aber zu leben ist keine zusätzliche Aktivität, die ich vollziehe, während ich all dies tue, wie das Atmen eine ist. Alle diese Tätigkeiten sind Bestandteil meines Lebens; indem ich sie ausübe, lebe ich. „Leben" ist nicht etwas von diesen Tätigkeiten Abgespaltetes, so wie „... ist ein Tier" als abgespaltetes Prädikat betrachtet werden könnte, das gleichwertig ist mit „... ist ein Mensch oder eine Katze oder ..." Wir können das einsehen, wenn wir bedenken, daß zum Beispiel das Schlafen ein Teil des Lebens ist, während das Menschsein nicht ein Teil des Tierseins ist, sondern eher umgekehrt. Thomas nennt uns einen ganz entsprechenden Grund dafür, weshalb das Prädikat „ens", „seiend", keine Gattung bezeichne, deren Spezies partikuläre Arten des Seienden darstellen würden (S I, 3, 6). Genau wie mein Leben kein Begleitumstand und keine Komponente oder der höchste gemeinsame Nenner all der verschiedenen

Dinge, die ich während meines Lebens tue, ist, sondern die Gesamtheit von all dem, so ist das *„esse"*, das „Sein" von etwas nichts Zugrundeliegendes, nichts Konstituierendes oder seine Eigentümlichkeit oder Modifikationen Spezifizierendes; es ist vielmehr die Gesamtheit aller Begebenheiten und Zustände seiner Geschichte. Es scheint, daß Thomas in diesem Sinn vom *esse* als „der Aktualisierung aller Akte und der Vervollkommnung aller Vollkommenheiten" sprechen kann (P 7, 2 ad 9).

Wenn wir *esse* so verstehen, wird uns einsichtig, warum Thomas bestreiten kann, *esse* sei das unbestimmteste und leerste Prädikat, und warum er behauptet, es sei das reichste und gefüllteste Prädikat und daher das angemessenste, um damit die göttliche Vollkommenheit zu bezeichnen (S I, 4, 1). Aber unser vorheriges Problem kehrt in neuer Form wieder. Wenn Thomas sagt, Gott sei *reines* Sein oder subsistentes Sein, dann meint er damit, über Gottes Wesen könne nicht mehr ausgesagt werden, als daß Gott *sei*; und das nicht wegen unseres Mangels an Erkenntnis, sondern wegen der reinen und ungetrübten Form, in der es das Sein in Gott gebe. Verstehen wir jedoch „esse" im Sinn von „Leben" oder „Geschichte", dann ist der Begriff des reinen Seins so leer wie der Begriff des reinen Lebens oder der reinen Geschichte. Es kann kein Leben geben, das aus nichts anderem bestünde als aus dem Leben an sich, oder eine Geschichte, die nur Geschichte an sich wäre, ungetrübt von irgend etwas tatsächlich sich Ereignendem. Das Sympathische an dieser Art, das „esse" aufzufassen, besteht darin, daß sie uns gestattet, es als erfülltes Allumfassendes aufzufassen, und nicht als verarmten gemeinsamen Nenner. Versteht man aber „esse" auf diese Weise, dann ist reines Sein eine Gesamtheit ohne jegliche Einzelteile, und sein „Reichtum" besteht aus dem völligen Fehlen von Eigenschaften.

Die Theorie der realen Unterscheidung zwischen Wesen und Existenz und die These, Gott sei ein in sich selbst subsistierendes Sein (d. h. ein Sein, das aus sich selbst heraus ist), werden oft als die tiefgründigsten und originellesten Beiträge hervorgehoben, die Thomas zur Philosophie geliefert habe. Wenn die Argumentationsweise der letzten paar Seiten richtig war, gelingt es auch der wohlwollendesten Behandlung dieser Lehren nicht, sie ganz vom Vorwurf der Sophisterei und Illusion freizusprechen.

# 3 Geist

Eines der Motive, das die Menschen im Laufe der Zeiten dazu bewegt hat, sich mit der Philosophie zu beschäftigen, war ihr Wunsch, ihre eigene Natur verstehen zu können. Die Menschen haben sich vor allem deshalb der Philosophie zugewandt, weil sie bessere Einsicht in die Natur ihres eigenen Geistes gewinnen wollten. Seit alters her haben Philosophen versucht, diese Einsicht dadurch zu erwerben, daß sie über ihre eigenen mentalen Prozesse und Fähigkeiten nachdachten und die Sprache untersuchten, mittels derer wir unsere mentalen Zustände auszudrükken und zu beschreiben pflegen. In den letzten Jahrhunderten ist eine ganze Reihe wissenschaftlicher Disziplinen entstanden, die sich mit der Untersuchung des menschlichen Geistes befassen, namentlich die Zweige der experimentellen, sozialen und klinischen Psychologie. Die mittels dieser Wissenschaften erworbenen Informationen helfen uns ganz beträchtlich beim Verständnis der Natur des Menschen; aber sie stehen nicht in Konkurrenz zur philosophischen Untersuchung des Geistes und können diese auch nicht ersetzen. Das liegt daran, daß das Verhältnis zwischen den vom Wissenschaftler untersuchten Phänomenen und den mentalen Vorgängen oder Zuständen, die sich in diesen Phänomenen äußern, schon für sich ein philosophisches Problem ist. Dabei handelt es sich um das zentrale Problem der Philosophie der Psychologie bzw. dessen, was man heute allgemein als „Philosophie des Geistes" bezeichnet. Da der philosophische Rahmen für die Untersuchung des Geistes von großer Beständig-

101

keit ist, sind die Schriften der Philosophen aus der Antike, dem Mittelalter und dem 17. und 18. Jahrhundert nicht einfach vom Fortschritt der Wissenschaft überholt, wie das mit ihren Schriften zu einigen anderen Gebieten der Fall ist. Ich werde zu zeigen versuchen, daß insbesondere die Schriften des Thomas von Aquin über die heute von den Geistesphilosophen behandelten Themen von bleibendem Wert sind.

Nach Thomas verfügen die Menschen im Unterschied zu den Tieren über eine Fähigkeit, die er als „Verstand" oder „Einsicht", „Verstehen" bezeichnet. Das betreffende lateinische Wort „intellectus" hängt mit dem Verbum „intelligere" zusammen. Gewöhnlich wird dieses mit „verstehen" übersetzt, aber im Latein des Thomas wird es in einem allgemeineren Sinn verwendet und entspricht ungefähr unserem Wort „denken".

Wir verwenden das Wort „denken" auf zwei ganz verschiedene Weisen: Wir sprechen vom Denken *über* oder *an* etwas, und wir sprechen vom Denken, *daß* etwas der Fall ist. So können wir im Sinne der ersten Unterscheidung sagen, jemand, der in der Ferne weilt, denke an daheim oder denke an seine Familie; im Sinne der zweiten Unterscheidung können wir sagen, jemand denke, daß unten ein Streifenwagen steht, oder er denke, daß die Inflationsrate wahrscheinlich zunimmt. Im letzteren, nicht jedoch im ersteren Fall, leitet das Verbum die Satzkonstruktion einer *oratio obliqua* oder indirekten Rede ein. Wenn wir wollen, könnten wir die auf diese zwei verschiedenen Weisen bezeichneten Gedanken als zwei unterschiedliche Arten von Gedanken bezeichnen: das Denken über oder von etwas und das Denken, daß etwas der Fall ist. Doch das könnte ein wenig irreführend sein, weil das Denken, daß etwas der Fall ist, auch das Denken *an etwas* impliziert (man kann nicht denken, die Inflation werde zunehmen, wenn man nicht an die Inflation denkt). Außerdem ist das Denken *an* X gewöhnlich ein Denken, *daß* X so oder so ist (z. B. kann das Denken an die Familie die Form eines

Gedankens annehmen, daß die Familie gerade jetzt beim Frühstück sitzt). So ist es vermutlich vorzuziehen, die Unterscheidung als eine linguistische Unterscheidung zwischen zwei verschiedenen Gebrauchsweisen von „denken" zu betrachten, und nicht als eine Unterscheidung von zwei verschiedenen Typen von Gedanken.

Thomas jedenfalls macht die entsprechende Unterscheidung im Lateinischen als eine Unterscheidung zwischen zwei verschiedenen Akten des Verstands: Er spricht einerseits von der *Intelligentia indivisibilium* (wörtlich: dem „Verstehen unteilbarer, d. h. nicht komplexer Dinge") und andererseits von der *compositio et divisio* (wörtlich: „Zusammenstellung und Zergliederung"). Hier ein dafür typischer Abschnitt:

> „Unser Verstand arbeitet laut Aristoteles in seinem Buch *De Anima* (III comm. 21 u. 22) auf *zweifache* Weise. Die eine besteht darin, daß er einfache Washeiten *(quidditates)* der Dinge formt, etwa, was ein Mensch ist oder was ein Tier ist. An dieser Tätigkeit als solcher ist nichts Wahres oder Falsches, genau wie nicht in einfachen Sprachgebilden. Die andere Tätigkeit besteht darin, daß er zusammenfaßt und zergliedert, indem er bejaht und verneint *(componit et dividit, affirmando et negando)*. Darin findet sich Wahres und Falsches, wie in jedem komplexen Sprachgebilde, durch das es zum Ausdruck kommt." (V 14, 1)

Auf welche Weise unterscheidet sich das „Zusammenstellen" vom „Nicht-Komplexen"? Ist damit nur gemeint, daß nach dem Verb „intelligere" nur ein einziges Wort folgt, wenn man „an etwas" denkt, während sich daran eine ganze zu einem Satz gefügte Wortkombination anschließt, wenn man sagt, man denke, „daß etwas…"? Nein, die Sache verhält sich komplizierter, wie Thomas klar macht. Das deutlichste Beispiel für das, was

Thomas als „compositio et divisio" bezeichnet, ist das Fällen von positiven (affirmativen) und negativen Urteilen. Ganz gleich, ob ich urteile, die Katze sei auf der Matte oder die Katze sei nicht auf der Matte, werden die Wörter „Katze" und „Matte" in den Sätzen zusammengestellt, die mein Urteil ausdrücken. Aber im Fall meines affirmativen Urteils bringe ich in Gedanken die Katze und die Matte zusammen, während ich im Fall meines negativen Urteils in Gedanken die Katze und die Matte auseinanderhalte. Das bedeutet natürlich nicht, daß ich die *Gedanken an* die Katze und den *Gedanken an* die Matte auseinanderhalte. Und so lautet Thomas' Erklärung:

> „Wenn wir bedenken, wie der Verstand als solcher beschaffen ist, so ist immer, wo Wahrheit oder Falschsein auftritt, eine Verknüpfung *(compositio)* im Spiel. Das eine oder das andere findet sich immer nur dann im Verstand, wenn er einen einfachen Begriff mit einem anderen vergleicht. Werden jedoch Begriffe auf Gegenstände bezogen, so spricht man entweder von Verknüpfung oder Trennung *(divisio)*. Verknüpfung findet statt, wenn der Geist einen Begriff mit einem anderen vergleicht und eine Verbindung oder Identität der Gegenstände feststellt, um deren Begriffe es sich handelt; Trennung erfolgt, wenn der Vergleich des einen Begriffs mit dem anderen so ausfällt, daß er erkennt, daß es sich um ganz verschiedene Dinge handelt. Daher wird dann auch ebenso eine positive Aussage als Verknüpfung bezeichnet, insofern sie die seitens der Dinge vorhandene Verknüpfung bezeichnet; die Verneinung dagegen wird als Trennung bezeichnet, insofern sie besagt, daß die Dinge nichts miteinander zu tun haben." (H 1, 3, 26)

So haben wir das folgende Schema:

Verstehen von Nicht-Komplexem (ausgedrückt in Einzelwörtern)

Komplexes Verstehen
- compositio (ausgedrückt in positiven Sätzen)
- divisio (ausgedrückt in negativen Sätzen)

Die wichtigere Unterscheidung in diesem Schema ist die erste, und nicht diejenige zwischen positiven und negativen Urteilen; und diese Unterscheidung zwischen zwei Arten des Vernunftakts und zwei Arten von Gedanken hängt tatsächlich mit dem Unterschied zwischen dem Gebrauch einzelner Wörter und der Konstruktion von Sätzen zusammen. Jeder Denkakt, so erklärt Thomas, läßt sich als das Produzieren eines inneren Worts oder einer inneren Äußerung betrachten.

„Das Wort unseres Verstandes ... (ist das), worauf unsere Verstandestätigkeit hinzielt, d. h. das Erkannte selbst, welches ein Gebilde unseres Verstandes *(conceptio intellectus)* genannt wird, mag das begriffliche Gebilde durch ein einfaches Sprachgebilde *(per vocem incomplexam)* zu bezeichnen sein, wie es der Fall ist, wenn der Verstand die Washeiten der Dinge bildet, oder durch ein zusammengesetztes Sprachgebilde, wie es der Fall ist, wenn der Verstand zusammenfaßt und zergliedert *(componit et dividit).*" (V 4, 2 c; Übers. Edith Stein)

Wenn ich den Gedanken habe, daß *p* sei, dann hat der Inhalt dieses Gedankens die gleiche Komplexität wie der Satz, der ihn ausdrücken würde, wenn ich den Gedanken aussprechen würde. (Das sollte nicht als bemerkenswerte Parallelität betrachtet werden, die ein psychologisch versierter Stubengelehrter entdecken könnte: Es rührt einfach daher, daß wir keine anderen Kriterien für die Einfachheit oder Komplexität von Gedanken haben, als die Einfachheit und Komplexität der Wörter und Sätze, mittels deren sie geäußert werden.)

Natürlich werden nicht alle Gedanken öffentlich in Worten ausgedrückt. Ich kann zum Beispiel für mich selbst mit zusammengebissenen Zähnen denken: „Das ist ja ein stinklangweiliger Mensch!", indes ich mich vor Höflichkeit überschlage, um diesen Gedanken nicht zu zeigen. Manche Gedanken werden nicht einmal in der Privatheit der eigenen Vorstellung verbalisiert: Der Gedanke des Reisenden an seine Familie beim Frühstück kann ihm lediglich als Bild vor Augen stehen, wie sie in der Küche sitzen, ohne daß er in seinem Inneren irgendeine Aussage darüber macht. Sooft ich dagegen urteile, daß etwas der Fall sei, gibt es immer eine verbale Form, die den Inhalt meines Urteils zum Ausdruck bringt. Das wird von der Konstruktion der indirekten Rede gewährleistet, denn die jeweils passend abgewandelte Formel, *daß* etwas sei, sorgt immer für die notwendige Form der Worte.

Ein Gedanke kann über eine durch einen vollständigen Satz aussagbare Komplexität verfügen, ohne ein *Urteil* darüber darzustellen, daß etwas so und so sei. Statt positiv zum Schluß zu kommen, die Katze sei auf der Matte, kann ich mich auch einfach fragen, ob die Katze auf der Matte sei, oder ich kann mir einfach im Rahmen einer Geschichte oder Phantasie vorstellen, die Katze sei auf der Matte. Jeder Gedanke, der über die Komplexität eines Satzes verfügt, könnte ein wahrer Gedanke sein, also ein mit den Fakten übereinstimmender Gedanke, ohne als wahr *beurteilt* zu werden. In vielen Fällen, so bemerkt Thomas (V 14, a 2 c), ist der Gedanke, daß $p$ sei, genauso denkbar wie der Gedanke, daß nicht-$p$ sei, und was jemanden sich für die eine oder andere der beiden gegensätzlichen Aussagen entscheiden läßt, mag unter unterschiedlichen Umständen ganz unterschiedlich sein. Man kann sich auch des Urteils enthalten, weil man für beide Möglichkeiten nicht genügend Beweise hat, oder weil die

Argumente dafür und dagegen gleich stark sind; das Urteil kann auf der inneren Evidenz einer Aussage beruhen, oder es kann das Ergebnis eines mehr oder weniger langen Denkprozesses sein; das Urteil kann versuchsweise und zögerlich abgegeben werden oder fest und fraglos. Thomas unterscheidet die Vollzüge der Erkenntniskräfte, indem er von den folgenden unterschiedlichen Möglichkeiten ausgeht: Das Sich-Enthalten vom Urteilen ist der Zweifel *(dubitatio)*; die versuchsweise Zustimmung, die die Möglichkeit, sich zu irren, einräumt, ist die Meinung *(opinio)*; die fraglose Zustimmung zu einer Wahrheit auf Grund ihrer unmittelbaren Evidenz ist das Verstehen *(intellectus)*; die fraglose Zustimmung zu einer Wahrheit auf der Grundlage von Vernunftargumenten ist das Wissen *(scientia)*; die fraglose Zustimmung dort, wo es keine zwingenden Gründe gibt, ist der Glaube *(credere, fides)*. Zu glauben, sich eine Meinung zu bilden, einen Zweifel zu nähren, zu einem Schluß zu kommen und eine in sich evidente Wahrheit zu erkennen, das sind alles Beispiele für die zweite Art vernunfthafter Tätigkeit: der *compositio et divisio*.

Was ist nun mit der anderen Vernunfttätigkeit, der *intelligentia indivisibilium*? Ich habe die Unterscheidung, die Thomas macht, mit unserer Unterscheidung zwischen dem *Denken an oder von etwas* und dem *Denken, daß etwas der Fall ist*, erläutert. Diese Unterscheidung im Deutschen, die wir zu präzisieren versucht haben, entspricht tatsächlich der Unterscheidung, die Thomas zwischen einfachen und komplexen Objekten des Denkens macht. Aber zugleich scheint er auch noch eine andere Unterscheidung im Sinn zu haben. Neben dem Unterschied zwischen *Denken an oder von etwas* und *Denken, daß etwas der Fall ist*, unterscheiden wir auch zwischen dem *Wissen von etwas* und dem *Wissen, daß etwas der Fall ist*. Der vorhin zitierte Abschnitt aus *De Veritate* legt nahe, daß es sich bei der ersten Art Aktivität nicht so sehr darum handelt, z. B. an einen Habicht zu denken, sondern vielmehr zu wissen, was ein Habicht ist. Aber das Denken an einen Habicht und das Wissen, was ein Habicht ist, sind keine zwei Aktivitäten, die nebeneinander auf der gleichen Ebene stünden. Das Denken an einen Habicht ist eine Ausübung der Fähigkeit, die darin besteht, zu wissen, was ein Habicht ist: Denn zu wissen, was ein Habicht ist, ist genau die Fähigkeit, dank derer man solche Dinge tun kann wie über Habichte reden, über Habichte nachdenken, sie von einem Raben unterscheiden usw. Die Unterscheidung zwischen beidem ist, in scholastischer Begrifflichkeit, nicht so sehr eine Unterscheidung zwischen zwei Tätigkeiten, als vielmehr zwischen zwei Stufen der Verwirklichung oder Aktualisierung. Sie ist so ähnlich wie der Unterschied zwischen der Fähigkeit, einen bestimmten griechischen Buchstaben zu erkennen, und dem tatsächlichen Einsetzen dieser Fähigkeit zum Lesen eines Worts; die Scholastiker sagen, ersteres sei eine erste Verwirklichung oder Aktualisierung, letzteres eine zweite. Die gleiche Unterscheidung zwischen Stufen der Aktualisierung läßt sich auch im Fall der zweiten Tätigkeit des Verstands anwenden: Das Wissen, daß die Schlacht von Waterloo im Jahre 1815 stattfand, ist eine Aktualisierung; es ist nicht das gleiche wie die bloße Möglichkeit (Potentialität), also die reine Fähigkeit dazu, diese Jahreszahl zu lernen, wie sie ein Schüler zu Anfang seines Geschichtsunterrichts hat. Aber dieses Wissen, daß die Schlacht von Waterloo im Jahre 1815 stattfand, ist nicht mehr als eine erste Aktualisierung, eine Aktualisierung, die ihrerseits noch eine Potentialität ist, wenn man es damit vergleicht, daß man sich dieses Wissen tatsächlich vergegenwärtigt und es bewußt verwendet. So gibt es statt der Zweiteilung, die Thomas vorschlägt, in Wirklichkeit eine Vierteilung:

|                        | *Intelligentia indivisibilium* | *Compositio et divisio*                    |
| ---------------------- | ------------------------------ | ------------------------------------------ |
| Erste Aktualisierung   | Wissen, was X ist              | Wissen, daß ‚p‘ (glauben, daß ‚p‘ etc.)    |
| Zweite Aktualisierung  | Denken an X                    | Denken, daß ‚p‘ (sich erinnern, daß ‚p‘ etc.) |

Erste Aktualisierungen sind eher Dispositionen als Geschehnisse: Sie sind, wie Thomas sagen würde, *habitus*, d. h., man hat ein Wissen, ohne daß man dieses ausüben würde. Sie sind Verfassungen, in denen ein Mensch ist, und nicht eigentlich Tätigkeiten, die er ausführt. Im Gegensatz dazu sind die zweiten Aktualisierungen als praktische Vollzüge der ersten Aktualisierungen registrierbare Handlungen in der Geschichte einer Person, Tätigkeiten, die man mehr oder weniger mit der Uhr messen, die man unterbrechen oder wiederholen kann usw.

Das *Wissen, was X ist*, ist etwas, das wiederum zwei Formen annehmen kann. Es gibt das Alltagswissen, was ein Habicht ist; darüber verfügt jeder, der weiß, was das Wort „Habicht" bedeutet. Gelegentlich ist Thomas bereit, dieses Wissen um den Sinn eines Wortes als Wissen um das, was ein Ding ist, zu bezeichnen oder als ein Wissen um seine „Quiddität", vom lateinischen Wort „quid" abgeleitet, das „was" bedeutet (z. B. in E 5). Aber gewöhnlich unterscheidet er zwischen dem Wissen davon, was das Wort „X" bedeute, und dem Wissen der Washeit oder des Wesens von X. So sagt er zum Beispiel oft, daß wir wissen, was das Wort „Gott" bedeute, aber wir könnten Gottes Wesen nicht kennen (S I, 3, 4 ad 2 und 48, 2 ad 2). Das Wissen des Wesens scheint eine Art von wissenschaftlichem Wissen der Natur eines Dinges zu sein. Allerdings geht aus Thomas' Schriften nicht klar hervor, ob es sich bei dem Wissen um das Wesen eines Habichts um die Fakten handeln würde, die wir heute in einem Handbuch für Vogelkunde finden könnten, oder um eine Art von Wissen, das die

Träume jener Wissenschaftler weit übertrifft, die hoffen, synthetisch eine künstliche Nachbildung dieses Vogels herzustellen oder einen solchen nachzuerschaffen. Gewiß, Thomas sagt von Zeit zu Zeit, das Wesen der Dinge sei uns unbekannt, aber unklar bleibt, ob er das als grundsätzliche Aussage über die Verfassung des Menschen oder als Klage über den Stand seiner zeitgenössischen Wissenschaft meint.

Wie ich bereits zu Anfang dieses Kapitels gesagt habe, betrachtet Thomas den Verstand als eine Fähigkeit, die außer dem Menschen kein anderes Lebewesen hat. Wie kann das sein, wenn der Verstand die Fähigkeit zum Denken ist? Ganz bestimmt denkt doch ein Hund, wenn sein Herr die Leine vom Haken an der Wand nimmt, daß er jetzt auf einen Spaziergang mitgenommen wird, und er bringt diesen Gedanken sehr eindeutig dadurch zum Ausdruck, daß er hüpft und springt und mit den Pfoten an der Tür scharrt. Zweifellos gibt es bestimmte Gedanken, zum Beispiel über die Geschichte, Poesie oder Mathematik, die die Kapazität eines vernunftlosen Tieres übersteigen; aber man kann doch sicher nicht behaupten, die Fähigkeit zum Denken selbst sei ausschließlich den Menschen vorbehalten.

Tatsächlich räumt Thomas ein, daß Tiere die Fähigkeit besitzen, bestimmte Arten von Gedanken zu denken. Offenkundig teilen viele Tiere mit den Menschen die Fähigkeit zur Sinneswahrnehmung; aber sie halten auch nach Dingen Ausschau, die außerhalb der Reichweite ihrer Wahrnehmung sind, und sie haben auch irgendeine Art von Begriff von dem, was abwesend ist. Sie können Sinneseigenschaften z. B. mit Lust oder Schmerz verbinden; aber darin erschöpft sich nicht ihre Fähigkeit zum Unterscheiden.

„Würde sich ein Sinnenwesen nur wegen eines für die Sinne Ergötzlichen oder Betrüblichen bewegen, so brauchte man beim Sinnenwesen nur die Wahrnehmung solcher Formen anzunehmen, die von den Sinnen erfaßt werden, an denen diese sich ergötzen oder die sie verabscheuen. Es ist jedoch dem Sinnenwesen notwendig, gewisse Dinge zu suchen oder zu fliehen, nicht nur weil sie dem sinnlichen Wahrnehmen zusagen oder nicht zusagen, sondern auch wegen bestimmter anderer Zuträglichkeiten und Nützlichkeiten oder Nachteile. So flieht das Schaf den Wolf, wenn es ihn kommen sieht, nicht wegen der Häßlichkeit der Farbe oder der Gestalt, sondern gleichsam als natürlichen Feind. Desgleichen sammelt der Vogel die Strohhalme, nicht weil sie die Sinne ergötzen, sondern weil sie zum Nestbau taugen. Es ist also dem Sinnenwesen notwendig, solcherlei Bestimmtheiten zu erfassen, die der äußere Sinn nicht erfaßt." (S I, 78, 4)

Die Fähigkeit, Vorstellungen zu erfassen, bei denen es sich nicht einfach um Sinnesvorstellungen handelt, wird als „Fähigkeit zur Einschätzung" *(vis aestimativa)* bezeichnet. Da Thomas glaubte, solche Vorstellungen seien allen Tieren angeboren, während die Menschen sie sich mit Hilfe von Assoziationen erwerben, kann man sie ganz zutreffend als „Instinkte" bezeichnen. Zusätzlich zum instinktiven Erfassen dessen, was nützlich und was gefährlich ist, schreibt Thomas Tieren auch die Fähigkeit zu, sich an solche Eigenschaften zu erinnern. Ja, er erkennt ihnen sogar eine Vorstellung des Vergangenseins an sich zu, was viele Philosophen schwierig finden dürften, einem der Sprache nicht mächtigen Lebewesen zuzuschreiben. Aber er sieht einen Unterschied zwischen dem menschlichen Gedächtnis und dem Tiergedächtnis insofern, als sich zwar Menschen wie Tiere an Dinge erinnern können, aber nur Menschen in der Lage sind, sich an etwas zu erinnern zu versuchen oder sich anstrengen können, sich bestimmte Dinge bewußt zu machen. In seiner Terminologie gesprochen, verfügen Tiere über *memoria*, aber nicht über *reminiscentia*.

Den offensichtlichsten und tiefsten Unterschied zwischen Menschen und, sagen wir, Schafen, Fischen und Vögeln macht der Besitz der Sprache aus. Wenn wir unter „Verstand" eine charakteristisch menschliche Fähigkeit verstehen wollen, scheint es recht hilfreich zu sein, den Verstand als die Fähigkeit zu bezeichnen, die Gedanken zu denken, die nur ein der Sprache mächtiges Wesen denken kann. (Gedanken, die nur ein der Sprache Mächtiger denken kann, sind Gedanken, für die keine Ausdrucksmöglichkeit mittels nichtsprachlichen Verhaltens vorstellbar ist: zum Beispiel der Gedanke, daß Wahrheit Schönheit sei, oder daß es Sterne gebe, die Lichtjahre von uns entfernt sind.) Wäre Thomas mit dieser Charakterisierung des Verstands einverstanden?

Das ist schwer, mit Sicherheit zu beantworten. Einerseits schreibt Thomas Gott und Engeln Verstand zu, obwohl sie seiner Auffassung nach keine Sprache wie die Menschen verwenden, ausgenommen die Gelegenheiten, bei denen sie sich der menschlichen Sprache bedienen, um mit den Menschen in Verbindung zu treten. Andererseits beschreibt Thomas oft implizit und gelegentlich auch explizit das Wirken des Verstands als einen sprachlichen Prozeß. So hat er zum Beispiel beim Vergleich des Verstands mit den Sinnen folgendes zu sagen:

> „Im sinnlichen Teil [der Seele] trifft man eine zweifache Tätigkeit an. Die eine gemäß bloßer Veränderung *(immutatio)*; und so vollzieht sich die Tätigkeit des (äußeren) Sinnes dadurch, daß er vom Sinnfälligen verändert wird. Die andere Tätigkeit ist die Formung *(formatio)*, sofern sich die Einbildungskraft von einem abwesenden oder auch niemals gesehenen Ding ein Bild *(idolum)* formt. Und diese beiden Tätigkeiten sind im Verstand miteinander vereinigt. Denn zuerst betrachtet man das Erleiden des möglichen Verstandes, sofern er durch das geistige Erkenntnisbild beformt (informiert) wird *(informatur)*. Durch dasselbe geformt, formt er zweitens die Wesens-

bestimmung oder die Verbindung und Trennung, die durch das Wort bezeichnet werden. Daher ist der Denkinhalt, den das Gegenstandswort bezeichnet, die Wesensbestimmung *(definitio)*; und die Aussage bezeichnet die Verbindung und Trennung *(compositionem et divisionem)* des Verstandes." (S I, 85, 2 ad 3)

Hier wird die Tätigkeit des Verstands dem Spiel der mentalen Bilderwelt gegenübergestellt und ausdrücklich als das Erschaffen der mentalen Gegenstücke zu den Wörtern und Sätzen der öffentlichen Sprache bezeichnet.

Thomas sagt, der Verstand des Menschen verstehe die Dinge oder denke an sie, indem er sie von den „*phantasmata*" unterscheide. Für unseren Zusammenhang können wir unter Phantasmata sinnenhafte Erfahrungen verstehen, einschließlich der Bilder abwesender und nie gesehener Dinge, von denen im oben zitierten Abschnitt die Rede war. Folglich wird die Tätigkeit des Verstands als auf eine zunächst noch nicht weiter bestimmte Weise von der Sinneserfahrung abhängig gedacht. Thomas ist also in einem gewissen Sinn des Wortes Empirist. Viele empiristische Philosophen haben die Ansicht vertreten, daß alle unsere Vorstellungen den Sinneserfahrungen entspringen und wir sie dadurch erwerben, indem wir von Zügen dieser Erfahrung abstrahieren oder solche auf selektive Weise vernachlässigen. Aber Thomas unterscheidet sich von zahlreichen Empiristen dadurch, daß er dem Verstand eine wesentlich aktivere und kompliziertere Rolle bei der Tätigkeit der Abstraktion zuschrieb.

Denn für Thomas handelte es sich beim Verstand nicht um eine einzige Fähigkeit, sondern um zwei, oder genauer, um eine Fähigkeit mit zwei Kräften: dem tätigen Verstand *(intellectus agens)* und dem rezeptiven Verstand *(intellectus possibilis)*. Unter dem tätigen Verstand verstand er die Kraft, die die Fähigkeit des Menschen ausmacht, aus einzelnen Sinneserfahrungen universale Ideen zu abstrahieren; und den rezeptiven Verstand betrachtete er als den Speicher dieser durch Abstraktion gewonnenen Ideen.

Thomas postulierte die Existenz eines tätigen Verstands, weil er der Auffassung war, die materiellen Gegenstände der Welt, in der wir leben, seien nicht an sich schon als Gegenstände für eine Verstandeseinsicht geeignet. Eine platonische Idee, die universal, unerreichbar, unveränderlich und einmalig sei und in einem Ideenhimmel existiere, könne sehr wohl Gegenstand einer Verstandeseinsicht sein; aber nach Thomas' eigener Theorie gibt es etwas derartiges wie platonische Ideen nicht. In gewisser Hinsicht, so Thomas, könne der Verstand nur Dinge einsehen, die er selbst erschaffen habe.

"Platon behauptete nämlich, die Formen der Naturdinge bestünden für sich ohne Stoff, und folglich, sie seien verstehbar: denn dadurch ist etwas in Wirklichkeit verstehbar, daß es unstofflich ist. Er nannte diese (Formen) ‚Artformen‘ *(species)* oder ‚Denkbilder‘ *(ideas)* und lehrte, durch Teilhabe an ihnen werde einerseits der körperliche Stoff geformt, damit die Einzeldinge naturhaft in ihre besonderen Gattungen und Arten eingestellt werden könnten, und würden anderseits unsere Verstandesvermögen geformt, damit sie von den Gattungen und Arten der Dinge ein Wissen hätten.

Aristoteles jedoch gab nicht zu, daß die Formen der Naturdinge ohne Stoff für sich bestehen; und da die im Stoff vorhandenen Formen nicht in der Wirklichkeit verstehbar sind, ergab sich, daß die Naturen oder die Formen der sinnfälligen Dinge, die wir durch den Verstand erkennen, nicht in Wirklichkeit verstehbar sind. Nun wird aber nichts aus der Möglichkeit in die Wirklichkeit (Aktualität) geführt, es sei denn durch ein in Wirklichkeit Seiendes, so wie die Sinne in die Wirklichkeit (der Tätigkeit) versetzt werden durch das in Wirklichkeit Sinnfällige. Es war demnach nötig, auf seiten des Verstandes eine Kraft anzunehmen, welche die Dinge in Wirklichkeit verstehbar macht durch Abziehen der Artformen *(species)* aus den stofflichen Bedingungen. Und darin liegt die Notwendigkeit für die Annahme des tätigen Verstandes *(intellectus agens)*." (S I, 79, 3)

Das in diesem Zitat verwendete Wort *species* spielt in Thomas' Theorie des Denkens eine sehr wichtige Rolle. Zunächst taucht es als Synonym für das platonische Wort „Idee" auf, wird jedoch auch für die tatsächlich denkbaren Gegenstände verwendet, wie sie in der Theorie des Aristoteles vorkommen. Im Deutschen eignet sich vielleicht am besten das Wort „Vorstellung" dazu, die vielfältigen Facetten des Sinns des lateinischen Wortes *species* wiederzugeben, weshalb es im folgenden dafür verwendet werden soll.[*]

Der verständlichste Teil des gerade zitierten schwierigen Abschnitts ist der Vergleich zwischen Sinneseindruck und Verstand, den Thomas im selben Artikel anhand seiner Antworten auf Einwände noch weiter entwickelt. Farben sind mittels des Sehvermögens wahrnehmbar; aber im Finstern kann man Farben nur potentiell, nicht aktuell wahrnehmen. Der Gesichtssinn wird nur aktuiert, d. h., der Mensch sieht die Farben nur, wenn Licht vorhanden ist, das sie tatsächlich wahrnehmbar macht. Auf ähnliche Weise, so sagt Thomas, sind die Dinge in der physischen Welt an sich nur potentiell denkbar oder erkennbar. Ein Tier mit den gleichen Sinnesorganen wie unseren nimmt die gleichen materiellen Gegenstände wahr wie wir und geht genauso wie wir mit ihnen um, jedoch kann es keine vernünftigen Gedanken über sie entwickeln; es kann sich zum Beispiel kein wissenschaftliches Verständnis ihrer Natur erwerben. Das liege daran, daß es über

---

[*] Die lateinisch-deutsche Ausgabe der *Summa Theologiae* übersetzt „*species*" mit „Erkenntnisbild".

keinen *intellectus agens* verfüge, der Licht auf die Gegenstände werfe. Wir dagegen könnten von den materiellen Gegebenheiten der natürlichen Welt Vorstellungen („species") abstrahieren und seien deshalb imstande, die Welt nicht nur wahrzunehmen, sondern auch über sie nachzudenken und sie zu verstehen.

Bedeutet das, daß Thomas ein idealistischer Denker ist? Ist er der Auffassung, daß wir nie die Welt wirklich an sich kennen oder verstehen, sondern immer nur immaterielle und abstrakte Vorstellungen von ihr?

Die Antwort auf diese Frage ist kompliziert. In Thomas' System scheint es Beschreibungen von zwei ziemlich unterschiedlichen Arten von Vorstellungen zu geben: von Vorstellungen, bei denen es sich um mentale Fähigkeiten handelt, und von Vorstellungen, die mentale Gegenstände sind.

Manchmal lesen wir von Vorstellungen, bei denen es sich um Dispositionen oder Befindlichkeiten des Verstands handelt. In diesem Sinn wären Vorstellungen von Dingen das, was wir heute als „Begriffe" bezeichnen: Man hat zum Beispiel einen Begriff von X, wenn man das Wort für X in irgendeiner Sprache zu meistern gelernt hat. Vorstellungen können Vorstellungen sein, *daß* etwas so und so sei, statt Vorstellungen *von* etwas zu sein. Die Vorstellung, *daß* etwas Bestimmtes der Fall sei, wäre ein Beispiel für eine Vorstellung, die Thomas' zweiter Art von Geistestätigkeit entsprechen würde; eine Vorstellung *von* etwas dagegen würde der ersten Art von Geistestätigkeit entsprechen. Faßt man eine Vorstellung, *daß* etwas so und so sei, als Disposition auf, würde es sich um einen Glauben oder eine Überzeugung oder etwas derartiges handeln und nicht um einen einfachen Begriff. In diesem Sinn sind dann also Vorstellungen Dispositionen, die den beiden Arten des Denkens entsprechen, bei denen es sich um die Tätigkeiten handelt, durch die der Verstand bestimmt ist.

Wenn ein Philosoph auf diese Weise über Vorstellungen („species") denkt, müßte man erwarten, daß er wahrscheinlich nicht

116

versucht sei, sich die Vorstellungen als die *Objekte* unseres Verstehens vorzustellen, also als *das, was* wir wissen, wenn wir etwas wissen. Wenn ich über den Nordpol nachdenke, dann gebrauche ich zweifellos meinen Begriff vom Nordpol, ich setze ihn in einem bestimmten Zusammenhang ein und mache ihn geltend. Aber mein Begriff ist nicht das, *worüber* ich nachdenke. Wenn ich denke, der Nordpol sei ein ziemlich kalter Aufenthaltsort oder er sei von Peary entdeckt worden, dann denke ich nicht, mein Begriff sei kalt oder er sei von Peary entdeckt worden, sondern ich denke das vom Nordpol selbst. Natürlich kann ich auch über meinen Begriff, den ich vom Nordpol habe, nachdenken: Ich kann mir zum Beispiel bewußt machen, daß er ziemlich oberflächlich, verschwommen und kindisch ist. Doch wenn ich das denke, schreibe ich nicht dem Nordpol selbst die Eigenschaften des Oberflächlichen, Verschwommenen und Kindischen zu, und außerdem mache ich nicht nur von meinem Begriff vom Nordpol Gebrauch, sondern auch von meinem Begriff vom *Begriff*. Verstehen wir Vorstellungen in diesem Sinn, dann könnte es durchaus stimmen, daß wir beim Denken immer Vorstellungen verwenden; aber offensichtlich stimmt es trotzdem nicht, daß alles Denken nur von Vorstellungen handele.

Thomas stellt diesen Punkt recht deutlich klar:

> „Einige haben behauptet, die Erkenntniskräfte, die in uns sind, erkennten nichts als ihre eigenen Erleidungen *(proprias passiones)* ... auch der Verstand nichts als seine Erleidung, d. h. das in ihn aufgenommene geistige Erkenntnisbild *(speciem intelligibilem)*. Und demgemäß sei dieses Erkenntnisbild dasjenige, was verstanden werde. Allein diese Meinung erweist sich ... als offensichtlich falsch ... Wenn ... das, was wir erkennen, einzig die Erkenntnisbilder wären, die in der Seele sind, dann wäre die Folge, daß alle Wissenschaften nicht von den Dingen handelten, die außerhalb der Seele sind, sondern aus-

schließlich von den geistigen Erkenntnisbildern, die in der Seele sind." (S I, 85, 2)

Die Wahrheit ist, daß Vorstellungen nicht das sind, *was* man denkt *(id quod intelligitur)*, sondern das, *wodurch* das Denken stattfindet *(id quo intelligitur)*:

> „Weil aber der Verstand sich über sich selbst zurückbeugt, erkennt er durch dieselbe Zurückbeugung sowohl sein Erkennen, als auch das Bild, durch das er erkennt. Und so ist das Verstandesbild an zweiter Stelle das, was erkannt wird. Das aber, was zuerst erkannt wird, ist das Ding, dessen Ähnlichkeit das geistige Erkenntnisbild ist." (S I, 85, 2)

Thomas verwirft also ausdrücklich die idealistische Lehre, der Geist könne sich denkerisch mit nichts anderem als mit seinen eigenen Vorstellungen beschäftigen. Allerdings gibt es in seinen Schriften eine ganze Anzahl Züge, die beim Leser den Eindruck wecken, er habe die Vorstellungen nicht nur einfach als Fähigkeiten oder Dispositionen, auf bestimmte Weisen zu denken, betrachtet, sondern als die primären Objekte des Denkens. Im oben zitierten Abschnitt spricht Thomas wie an vielen anderen Stellen von der Vorstellung als von etwas, was dem Ding gleiche, wovon sie eine Vorstellung sei. Das läßt denken, Vorstellungen seien Abbilder, von denen wir die Züge ihrer Originale ablesen können. Würde das stimmen, dann wären die äußeren Dinge die primären Gegenstände unseres Denkens nur in dem Sinn, in dem ich, wenn ich mich selbst im Spiegel anschaue, mich selbst und nicht den Spiegel „sehe" – es sei denn, ich stellte ausdrücklich den besonderen Versuch an, auf den Spiegel zu achten. Aber damit würde man Thomas falsch auslegen: An anderer Stelle unterscheidet er ausdrücklich zwischen mentalen Bildern in der Imagination *(idola* oder *phantasmata)* und den Vorstellungen des Verstands („species"); und wenn er erklärt, was er meint, wenn er sagt, eine Vorstellung gleiche ihrem Gegenstand, verwendet er nicht den Vergleich von Porträt und Original, sondern er veranschaulicht das anhand der Ähnlichkeit von Ursache und Wirkung in natürlichen Prozessen.

Thomas sagt: Es gibt zwei Arten von Handlungen. Die eine hat Veränderungen im Empfänger zur Folge, auf den der Handelnde einwirkt, und die andere betrifft nur den Handelnden selbst. Manchmal bezeichnet er Handlungen der ersten Art als „transient" und Handlungen der zweiten Art als „immanent". Erhitzt ein Feuer einen Kessel, liegt eine Handlung der ersten Art vor; denke ich an einen Kessel, so liegt eine Handlung der zweiten Art vor; das Erhitzen des Kessels führt zu einer Veränderung im Kessel, wogegen sich das Denken an den Kessel auf nichts als den Denkenden selbst auswirkt. Was den Kessel erhitzt, ist die Hitze des Feuers; die Ursache des Erhitzens gleicht dem Gegenstand nach der stattgefundenen Veränderung. Thomas fährt fort:

> „Ebenso ist die Form, dergemäß die im Tätigen bleibende Tätigkeit stattfindet, eine Ähnlichkeit des Gegenstandes. Daher ist es die Ähnlichkeit des Sichtbaren, dergemäß der Gesichtssinn sieht; und die Ähnlichkeit des verstandenen Dinges, die das geistige Erkenntnisbild ist, ist die Form, dergemäß der Verstand erkennt." (S I, 85, 2)

Diese Parallele scheint etwas plump gezogen zu sein: Das Ergebnis einer inneren Handlung (eines bestimmten Gedankens) gleicht der wirkenden Form (der Vorstellung oder dem Begriff) insofern, als beide *vom selben Gegenstand* sind: Es ist ihre Ähnlichkeit miteinander, nicht ihre Ähnlichkeit mit dem Gegenstand, *von* dem sie sind, was dem Erhitzen des Kessels entspricht.

Gibt es dann also überhaupt eine Hinsicht, in der eine Vorstellung oder ein Gedanke wie sein Gegenstand ist? Sicher sind z. B.

Salz und meine Fähigkeit, Salz zu erkennen, zwei grundverschiedene Dinge; ja, der Begriff „verschieden" scheint noch ein viel zu schwaches Wort zu sein, um den Abgrund zwischen diesen beiden Größen zu beschreiben. Aber eine Vorstellung gleicht ihrem Gegenstand auf folgende Weise: Will man eine Vorstellung genau identifizieren, muß man ihren Inhalt beschreiben; und die Beschreibung des Inhalts der Vorstellung gleicht ganz genau der Beschreibung des Gegenstands der Vorstellung. Zum Beispiel könnte man sagen, die Vorstellung, daß die Welt bald untergehe, sei die Vorstellung eines bestimmten Zustandes. Erklärt man nun genauer, um *welche* Vorstellung es gehe und *welchen* Zustand man meine, verwendet man genau den gleichen Ausdruck, „daß die Welt bald untergehe".

Thomas von Aquin war zwar gegen die These, der Verstand könne nichts außer seinen eigenen Vorstellungen („species") kennen, aber er verwarf auch die gegenteilige These, es sei möglich, mittels rein vernünftigen Denkens materielle Gegenstände zu erfassen. Wenn ich an einen bestimmten Menschen denke, dann gibt es, sofern ich ihn gut kenne, sehr viele sprachliche Beschreibungen, die ich zu seiner Identifikation liefern kann. Aber solange ich diesen Menschen nicht auch in bezug zu ganz bestimmten Zeiten und Orten setze, kann ich ihn nicht so beschreiben, daß diese Beschreibung nicht auch auf irgendeinen anderen als den gemeinten Menschen zutreffen würde. Die Person, die ich meine, kann ich nicht eindeutig identifizieren, indem ich einfach ihr Aussehen und ihre Eigenschaften beschreibe. Nur wenn ich vielleicht auf sie zeige oder jemanden mitnehme, damit er oder sie sie kennenlernt, oder jemanden an eine Gelegenheit erinnere, bei der er oder sie ihr schon einmal begegnet ist, kann ich klarmachen, welche Person ich meine. Das Hinzeigen und Sehen und diese Art von Erinnerung sind aber an Sinneseindrücke geknüpft und nicht eine Sache des rein vernünftigen Denkens.

„Das Einzelne im Bereich der stofflichen Dinge kann unser Verstand nicht geradeswegs und zuerst erkennen. Und zwar deshalb nicht, weil der Grund der Vereinzelung in den stofflichen Dingen der einzelbestimmte Stoff ist. Unser Verstand erkennt aber, indem er die verstehbare Artform *(speciem intelligibilem)* aus diesem Stoff abzieht. Was aber aus dem vereinzelten Stoff abgezogen wird, ist das Allgemeine. Daher erkennt unser Verstand geradewegs nur das Allgemeine." (S I, 86, 1)

Erst indem wir vernünftige Vorstellungen *(„species intelligibiles")* mit Sinneserfahrungen verknüpfen, können wir Individuen kennen und gewinnen die Möglichkeit, bestimmte Aussagen wie „Sokrates ist ein Mann" zu machen. Was das bedeutet, sei noch genauer erklärt.

Für Thomas ist der wirkliche Gegenstand alles menschlichen Wissens die Form. Das trifft auf die sinnliche Wahrnehmung und auf die Vernunfterkenntnis zu. Die Sinne erfassen die akzidentellen Formen von Gegenständen, die den einzelnen Modalitäten entsprechen: Mit unseren Augen sehen wir die Farben und Umrisse von Gegenständen, mit unseren Nasen riechen wir ihre Gerüche; Farben, Umrisse und Gerüche sind akzidentelle Formen. Diese Formen sind individuelle Formen: Ich sehe immer die Farbe *dieser bestimmten* Rose; und selbst die stärkste Nase kann nicht den Geruch des Schwefels schlechthin wahrnehmen, sondern immer nur den schwefligen Geruch von irgend etwas Konkretem. Andererseits ist die substantielle Form etwas, was sich nur mit dem vernünftigen Denken erfassen läßt (siehe oben S. 61/62), denn der dem Verstand des Menschen angemessene Gegenstand ist die Natur der materiellen Dinge. Materielle Dinge bestehen aus Materie und Form, und die Individualität eines Stückchens Materie ist nicht etwas, was der Verstand erfassen könnte. Der Verstand kann erfassen, was Sokrates zum Menschen macht, aber nicht, was ihn zu Sokrates macht:

121

„Die Wesenheit oder ‚Natur' begreift in sich nur das, was unter die Wesensbestimmung der Art fällt. So begreift die menschliche Natur (*humanitas*, das Menschsein) nur das in sich, was mit dem Wesensbegriff des Menschen gegeben ist. Denn das macht den Menschen zum Menschen und das eben bezeichnet der Begriff ‚Menschnatur' (*humanitas*), das, wodurch der Mensch Mensch ist. Aber der einzelne Körper, mit all dem ihm anhaftenden Eigenen, das ihn zu *diesem* Körper macht, gehört nicht zum Artbegriff des Menschen. Deshalb gehören auch diese bestimmten Muskeln und diese Knochen, oder weißes Haar, schwarzes Haar u. dgl., nicht in die Wesensbestimmung des Menschen hinein. Daher sind auch alle diese einmaligen Bestimmtheiten nicht im Begriff des Menschseins mitgegeben. Und doch gehören sie zum Sein dieses bestimmten Menschen; also besagt dieser bestimmte Mensch mehr, als im bloßen Wesensbegriff des Menschseins gegeben ist. Und deshalb ist Mensch und ‚Menschnatur' nicht ganz dasselbe." (S I, 3, 3)

Wenn Platon Unrecht hatte – was Thomas annahm –, dann gibt es außerhalb des menschlichen Geistes nichts derartiges wie eine menschliche Natur an sich, sondern es gibt nur die menschliche Natur individueller Menschen wie Thomas, Richard und Heinrich. Weil es sich aber beim Menschsein von Individuen um Form handelt, die in Materie eingebettet ist, ist sie nicht etwas, das als solches der Gegenstand rein vernünftigen Denkens werden kann. Um uns das Menschsein von Thomas, Richard und Heinrich vorstellen zu können, müssen wir unsere Vorstellungskraft zu Hilfe rufen. Das Menschsein eines Individuums ist, in Thomas' Terminologie, „intelligibel" (da es eine Form ist), aber nicht „aktuell intelligibel" (da es in der Materie existiert) (siehe oben S. 114/115). Das heißt, es ist, weil es eine Form ist, zum Gegenstand des Erkennens tauglich; aber es muß eine Umwandlung durchmachen, wenn es tatsächlich vom Geist erfaßt werden soll. Die Instanz, die, ausgehend von unserer Erfahrung individueller Menschen, den Gegenstand für unseren Verstand erschafft, nämlich das Menschsein an sich, ist der tätige Verstand, der *intellectus agens*.

Das ist nun also der Wahrheitsgehalt der Aussage, Thomas sei ein idealistischer Denker gewesen. Die Vorstellungen („species") sind nicht vermittelnde Wesenheiten, die die Welt darstellen; sie sind vielmehr Modifikationen des Verstands, die aus der erworbenen Fähigkeit, bestimmte Gedanken zu denken, bestehen. Aber die Universalien (d. h. die allgemeinen Gattungs- und Artbestimmungen), die die „species" vorstellen, sind etwas, was außerhalb unseres Geistes kein Dasein hat.

Thomas ist sich darüber im klaren, daß man bei seiner Darstellung mit der Möglichkeit rechnen muß, daß der Verstand im Prozeß des Erfassens der Wirklichkeit diese verzerre. Er macht selbst den folgenden Einwand:

„Jedweder Verstand, der ein Ding anders erkennt, als es ist, ist falsch. Nun sind aber die Formen der stofflichen Dinge nicht aus den Einzeldingen abgezogen, deren Ähnlichkeit die Phantasiebilder sind. Wenn wir also die stofflichen Dinge durch Abziehen [Abstraktion] der Erkenntnisbilder aus den Phantasiebildern erkennen, ist Falschheit in unserm Verstand." (S I, 85, 1)

Seine Antwort beruht auf der Unterscheidung der zwei Bedeutungen des doppeldeutigen Satzes „Jedweder Verstand, der ein Ding anders erkennt, als es ist, ist falsch." Von einem Ding zu denken, *es sei* anders, als es ist, heißt gewiß, falsch denken. Aber wenn mit dem „ein Ding anders erkennen, als es ist", gemeint ist, daß unsere Art, von dem zu Ding denken, nicht genau der Art des von uns bedachten Dinges, wie es tatsächlich in seinem fakti-

123

schen Sein ist, entspricht, muß diese unsere Art, es zu denken, trotzdem nicht grundsätzlich falsch sein. Zu denken, Julius Cäsar sei gewichtslos gewesen, wäre das Denken eines falschen Gedankens; aber nichts Falsches ist an dem Gedanken an Julius Cäsar, ohne dabei an sein Gewicht zu denken. Ein Gedanke an Julius Cäsar kann vollkommen gut ohne den Gedanken an Julius Cäsars Gewicht auskommen, obwohl Julius Cäsar selbst nicht ohne sein Gewicht hätte existieren können. Ähnlich, so argumentierte Thomas, ist ohne irgendeine Verzerrung oder Falschheit der Gedanke an eine Menschennatur möglich, der nicht den Gedanken an irgendeine individuelle Materie enthält, obwohl es nie den Fall gab, daß eine Menschennatur ohne individuelle Materie existiert hätte (S I, 85, 1 ad 1).

Die Beschreibung, die Thomas von der Tätigkeit gibt, mittels dessen der *intellectus agens* aus Sinneserfahrungen Vorstellungen abstrahiert, ist im Detail unklar und vermutlich verworren; aber mit der Behauptung, der Mensch verfüge über eine spezielle Fähigkeit zum Abstrahieren, die andere Lebewesen nicht haben, hat er sicher recht. Um über die Art von Begriffen zu verfügen, auf die wir uns gewöhnlich beziehen und mit denen wir die Gegenstände unserer Erfahrung beschreiben, genügt es ganz und gar nicht, lediglich Sinneserfahrungen zu haben. Kinder sehen, hören und riechen Hunde, bevor sie sich den Begriff *Hund* aneignen und lernen, daß sich das Wort „Hund" auf Schäferhunde, Pudel und Dackel, nicht aber auf Katzen und Schafe anwenden läßt; sie verspüren Stiche, Schmerzen und Krämpfe, lange bevor sie den Begriff *Schmerz* erlernen. Die Familienhaustiere leben weitgehend in der gleichen sinnenhaften Umgebung wie das Kleinkind der Familie; aber das Kleinkind lernt rasch aus dem, was es alles zu sehen und zu hören gibt, die Symbole zu beherrschen, mit denen es seine Umgebung beschreiben und verändern kann, während das die Haustiere nicht lernen. In ihrer allgemeinsten Form ist die Theorie vom *intellectus agens* nichts anderes als die Anerkenntnis, daß sich die Begriffsbildung nicht einfach als Restablagerung der Sinneserfahrung betrachten läßt.

Thomas nimmt mit seiner Theorie vom *intellectus agens* eine Zwischenstellung zwischen den empiristischen Philosophen ein, die die Vorstellungen als etwas betrachten, was sich aus der Beobachtung laufender Erfahrungseindrücke ergebe, und den rationalistischen Philosophen, die behaupten, die einzelnen Vorstellungen seien jedem Mitglied der Art angeboren. Thomas war der Auffassung, es gebe keine restlos angeborenen Vorstellungen und Überzeugungen; sogar vom Glauben an selbstevidente Aussagen sagte er, dieser könne nur in einem ganz speziellen Sinn angeboren sein. Er behauptete, sobald ein Mensch einmal wisse, was ein Ganzes und was ein Teil ist, wisse er, daß jedes Ganze größer als irgendeiner seiner Teile sei; aber, so fährt er fort, der Mensch könne nicht wissen, was ein Ganzes oder was ein Teil sei, es sei denn, er besitze darüber aus der Erfahrung abgeleitete Begriffe oder Vorstellungen (S I–II, 51, 1). Soweit stimmt Thomas mit den Empirikern überein, ohne Erfahrung sei der Geist eine *tabula rasa*, ein leeres Blatt. Aber mit den Rationalisten stimmt er gegen die Empiriker überein, daß die bloße Erfahrung von der Art und Weise, wie sie Menschen und Tiere teilen, nicht dazu imstande sei, irgend etwas auf das leere Blatt zu schreiben.

Unter den heutigen Denkern kommt vor allem der Linguist Noam Chomsky der Auffassung Thomas' zu diesem Punkt ziemlich nahe. Chomsky hat argumentiert, man könne unmöglich die Geschwindigkeit erklären, mit der Kinder anhand der begrenzten und fragmentarischen Äußerungen ihrer Eltern die Grammatik einer Sprache erlernen können, es sei denn, wir postulierten eine artspezifische angeborene Fähigkeit zum Spracherwerb. Chomsky selbst vergleicht seine Theorie mit den Theorien von Rationalisten wie Descartes. Allerdings gleicht die sehr allgemeine Natur der Fähigkeit, die er postuliert – sie muß äußerst allgemein bleiben, wenn sie den Erwerb all der vielen verschiedenen natürlichen Sprachen erklären will –, kaum den sehr spezifischen Vorstellungen, die die Rationalisten vertraten, die oft sogar annahmen, einzelne Wörter einer bestimmten Sprache seien angeboren. Sie steht der verallgemeinerten, artspezifischen Fähigkeit zum Erwerb vernünftiger Begriffe aus unstrukturierten Sinneserfahrungen sehr viel näher, die Thomas als den *intellectus agens* bezeichnete.

Dieser tätige Verstand ist also die Fähigkeit, sich vernünftige Begriffe und Überzeugungen zu verschaffen. Der rezeptive Verstand *(intellectus possibilis)* ist die Fähigkeit, die auf diese Weise erworbenen Begriffe und Überzeugungen zu behalten und anzuwenden.

> „Deshalb steht nichts im Wege, daß eine und dieselbe Seele, sofern sie in Wirklichkeit unstofflich ist, eine Kraft hat, durch die sie die Dinge zu Unstofflichem in Wirklichkeit macht durch Abziehen aus den Bedingungen des einzelbestimmten Stoffes: eine Kraft, die tätiger Verstand *(intellectus agens)* heißt; und eine andere, diese Artformen *(species)* aufnehmende Kraft, die möglicher Verstand *(intellectus possibilis)* genannt wird, sofern sie in Möglichkeit zu solchen Artformen ist." (S I, 79, 4 ad 4)

Der „mögliche" oder rezeptive Verstand ist der Speicher der Vorstellungen (S I, 79, 6); er ist das anfangs leere Blatt, auf das der tätige Verstand schreibt. Zu jedem gegebenen Zeitpunkt der Geschichte eines Menschen gibt es ein Repertoire an vernunfthaften Fertigkeiten, das er erworben hat, sowie einen festen Bestand an Meinungen, Überzeugungen und Wissen, über den er verfügt. Dieses Repertoire und dieser Bestand machen den Inhalt seines rezeptiven Verstands aus. Manchmal läßt uns Thomas' Sprache fast denken, der rezeptive Verstand sei eine Art geistiger Stoff, der neue Formen annehme, wenn der Denkende neue Vorstellungen aufnimmt (z. B. in S I, 79, 6). Aber er warnt uns, das ganz ernst zu nehmen und macht uns auf die Gefahren aufmerksam, die sich ergeben, wenn man die Begriffe von Materie und Form auf das Verhältnis zwischen dem Verstand und seinen Vorstellungen anwendet (z. B. in S I, 84, 3 ad 2). Wegen dieses aristotelischen Vergleichs hat sich bis in unsere Tage die Redeweise erhalten, wir würden über etwas *informiert*, und wir bezeichnen auch den Erwerb eines Wissens als den Erhalt einer *Information*.

Der tätige und der rezeptive Verstand sind zwei Kräfte, denen zwei verschiedene Verwendungsweisen des deutschen Wortes „Geist" entsprechen. Wenn wir sagen, Menschen besäßen Geist, die vernunftlosen Tiere dagegen nicht, dann meinen wir, daß sie im Gegensatz zu Tieren die Fähigkeit haben, auf dem Weg über Sinneserfahrungen abstrakte Informationen zu gewinnen. Sprechen wir dagegen von einem „geistreichen" Menschen, dann meinen wir damit seinen rezeptiven Verstand und seine Fertigkeit, darin Enthaltenes hervorzuholen und anzuwenden. Außerdem wenden wir das Wort „Geist" und das damit verwandte Adjektiv „geistig" auch noch in einem anderen Sinn an. So machen wir zum Beispiel einen Unterschied, ob jemand Additionen auf dem Papier oder rein im Geist macht; im Deutschen sagen wir: „im Kopf" und sprechen von „Kopfrechnen". Tätiger wie rezeptiver Geist sind ganz klar gleichermaßen bei einer schriftlichen wie bei einer Kopfrechnung beteiligt; aber anscheinend meinen wir mit „Geist" etwas anderes, wenn wir das rein innerliche Arbeiten als „geistiger" oder als etwas mehr den Kopf Beanspruchendes betrachten, als wenn jemand auf dem Papier sichtbar mit Symbolen, nämlich Zahlenzeichen, arbeitet. Den Geist, den wir uns als Ort mentaler Bilder und innerer Monologe vorstellen, bezeichnet Thomas als die Imagination oder Phantasie *(phantasia)*, und er betrachtet ihn eher als inneren Sinn und weniger als eigene Abteilung des Verstands.

Sinneswahrnehmung wie auch die Aneignung verstandesmäßiger Information stellte sich Thomas so vor, daß Formen auf nicht materielle Weise aufgenommen werden.

„So ist nun auch die Form des Sinnfälligen auf andere Weise im Ding, das außerhalb der Seele ist, und auf andere Weise im Sinn, der die Formen der sinnfälligen Dinge ohne Stoff aufnimmt, z. B. die Farbe des Goldes ohne Gold." (S I, 84, 1)

Nach Thomas werden solchermaßen über die Sinneskraft empfangene Formen in der Phantasie gespeichert. Sie können nach Belieben umgebildet werden, damit aus ihnen innere Bilder von allem erzeugt werden, an das man gern denken möchte: Wir können zum Beispiel die Form, die Jerusalem darstellt, und die Form, die Feuer darstellt, miteinander kombinieren und so das Vorstellungsbild des brennenden Jerusalem erzeugen.

Thomas' Beschreibung des Verhältnisses von Sinneskraft und Imagination (oder Einbildungskraft) ist in mancher Hinsicht naiv und unbefriedigend: Er nennt die Imagination einen inneren Sinn, und sein Bild davon, wie es funktioniert, ist viel zu stark an das Funktionieren der Sinneskräfte angelehnt. Er scheint gedacht zu haben, ein innerer Sinn unterscheide sich von einem äußeren Sinn hauptsächlich dadurch, daß er sein Organ und sein Objekt innerhalb statt außerhalb des Körpers habe. Tatsächlich bemerkt er, daß andere überprüfen können, was der Wahrnehmende mit seinen äußeren Sinnen gerade zu sehen glaubt, während es im Fall der „inneren Sinne" nicht möglich sei, bei jemandem das Aussehen seiner inneren Bilder zu korrigieren. Aber – und das scheint Thomas nicht zu sehen – das läßt es unzulässig erscheinen, von der Imagination als von einer Sinneskraft zu sprechen. Denn eine Sinnesfähigkeit, die sich nicht täuschen kann, ist überhaupt keine Sinnesfähigkeit.

Im Unterschied zu einigen anderen, die ebenfalls die Imagina tion als innere Sinneskraft betrachtet haben, erfaßt Thomas ganz klar das Verhältnis zwischen dem Verstand und der Imagination, wenn sich das Denken in Form von mentalen Bildern oder stimmloser Sprache abspielt. In solchen Fällen liefert nicht die Bilderwelt dem vernünftigen Denken seinen Inhalt, sondern der Verstand verleiht der Bilderwelt – seien es imaginierte Wörter oder mentale Bilder – ihren Sinn, indem er sie auf bestimmte Weise und in einem bestimmten Kontext verwendet. Wenn ich an Troja denke, kommt mir vielleicht ein Bild in den Sinn; aber nicht die Ähnlichkeit dieses Bildes mit Troja läßt dieses Bild zum Bild von Troja werden, sondern die Gedanken, mit denen ich es umgebe, und die Worte, mit denen ich diese Gedanken zum Ausdruck bringen würde, lassen es zum Bild Trojas werden. Für das Buch unseres Denkens ist es der Verstand, der den Text liefert; die mentalen Bilder sind nur Illustrationen dazu.

Andererseits behauptet Thomas oft, innere Bilder (Phantasmata) seien nicht nur für den Erwerb von Begriffen notwendig, sondern auch für die Kunst, sie anzuwenden. Zumindest in diesem Leben sei es für uns unmöglich, irgendeinen Gedanken zu denken, ohne innere Bilder (Phantasmata) zu Hilfe zu nehmen. Wir können das begreifen, sagt er, wenn wir bedenken, daß eine Verletzung des Gehirns das Denken behindern kann, und wenn wir uns vor Augen halten, daß wir alle immer wieder Bilder zu Hilfe nehmen, wenn wir uns große Mühe geben, etwas zu verstehen. So zweifelhaft diese Argumente auch sein mögen, es scheint jedenfalls zu stimmen, daß immer auf irgendeine Weise die Sinne oder die Einbildungskraft (Imagination) eingesetzt werden und also auf einen sinnenhaften Kontext zurückgegriffen wird, wenn wir es zustandebringen, daß wir unser habituelles Wissen oder unsere Überzeugungen praktisch auf einen ganz bestimmten Fall anwenden.

Folglich ist nach Thomas das Achten auf innere Bilder (Phantasmata) für das Denken jedes Gedankens unerläßlich, mag dieser noch so abstrakt oder universal sein. Allerdings bedarf es einer speziellen Art der Achtsamkeit, die als „Reflexion" *(reflexio super phantasmata)* bezeichnet wird, wenn der Gedanke ein Gedanke über Individuelles statt Universales sein soll. Wie oben erläutert, dachte Thomas, nur die angemessene begleitende mentale Bilderwelt oder der sinnenhafte Kontext unterscheide einen Gedanken an Sokrates eindeutig von einem Gedanken an Platon oder irgendeines anderen Menschen.

Bei Sinneswahrnehmung wie vernünftigem Denken handelt es sich, wie gesagt, für Thomas immer um das Wahrnehmen von Formen im Geist auf eine mehr oder weniger immaterielle Weise. Sowohl bei der Wahrnehmung wie beim Denken gebe es eine Form, und zwar, wie Thomas sagt, auf „intentionale" Weise. Wenn ich die Röte der untergehende Sonne sehe, existiert die Röte intentional in meinem Sehen; wenn ich an die Rundheit der Erde denke, existiert die Rundheit in meinem Verstand. In beiden Fällen existiert die Form ohne die Materie, an die sie in der Realität geknüpft ist: Die Sonne selbst kommt nicht in mein Auge hinein, noch kommt die Erde mit ihrer gesamten Masse in meinen Verstand hinein.

Ein intentionales Vorhandensein ist jedoch als solches kein immaterielles Vorhandensein. Nach Thomas ist die Röte intentional nicht nur in meinen Augen vorhanden, sondern auch in dem Lichtmedium, durch das ich sie sehe (S I, 56, a 2); und selbst in meinem Auge ist die sinnenhafte Form eine Form der Materie, die sich im Sinnesorgan findet. Aber im Verstand gibt es keine Materie, in die die Formen sich einformen könnten. Tatsächlich hat der rezeptive Verstand von seiner Natur her keine andere Fähigkeit, als von intentional existierenden Formen informiert zu werden. Hätte er eine solche, so wäre er unfähig, all das zu verstehen, was mit ihm einer Natur wäre, so wie eine farbige Brille den, der sie trägt, daran hindert, weißes Licht von ihrer eigenen Farbe zu unterscheiden (S I, 75, 2 und 87, 1).

Beim Auftreten von Begriffen und Gedanken im Verstand findet also keinerlei Modifikation irgendeiner Materie statt; es gibt keine Formung irgendeines geheimnisvollen mentalen Materials.

„Ein jedes Ding wird aber so erkannt, wie seine Form im Erkennenden ist. Nun erkennt aber die Verstandesseele das Ding in seiner Natur, diese rein für sich genommen, den Stein z.B., sofern er rein für sich Stein ist. Es ist somit die Form des Steines rein für sich, nach der eigenen Wesensbestimmtheit, in der Verstandesseele. Die Verstandesseele ist also reine Form, nicht aber etwas aus Stoff und Form Zusammengesetztes. Wäre nämlich die Verstandesseele aus Stoff und Form zusammengesetzt, so würden die Formen der Dinge als einzelbestimmte in sie aufgenommen werden, und folglich würde sie nur Einzelnes erkennen, wie dies bei den Sinnesvermögen der Fall ist, die die Formen der Dinge in das körperliche Organ aufnehmen. Denn der Stoff ist Grund der Vereinzelung [Individuation] der Formen." (S I, 75, 5)

Die Lehre des Thomas von Aquin über das intentionale Vorhandensein von Formen bleibt einer der interessantesten Beiträge, der jemals zum philosophischen Problem der Natur der Gedanken beigesteuert wurde. Nehmen wir an, ich denke mir einen Phönix. Es scheinen zwei Dinge zu sein, die diesen Gedanken zu dem Gedanken machen, der er ist: Zuerst einmal ist es der Umstand, daß es der Gedanke an einen *Phönix* ist und nicht der Gedanke an eine Kuh oder eine Stadt oder eine Asymptote; und zum zweiten, daß das *mein* Gedanke ist und nicht der Gedanke eines meiner Leser oder derjenige des Julius Cäsar. Es mag noch anderes auf Gedanken zutreffen: zum Beispiel, daß sie interessant oder unangenehm oder ausführlich sind usw.; aber die beiden erstgenannten Umstände scheinen jedenfalls die für jeden

Gedanken wesentlichen Dinge zu sein: daß er der Gedanke *von jemandem* ist und daß er der Gedanke *von etwas* ist. Nun führen aber beide dieser Eigenschaften zu tiefgründigen philosophischen Problemen.

Die Frage: „Was läßt meine Gedanken zu *meinen* Gedanken werden?" mag zunächst überhaupt nicht als Problem erscheinen; aber viele Menschen haben sich schon den Kopf darüber zerbrochen, welches Verhältnis zwischen einem Gedanken und einem Gedanken von etwas besteht. Wird ein Gedanke zum Gedanken von X, indem er *wie* X ist? Oder gibt es eine andere Beziehung? Keine Beziehung kann diesen Zweck erfüllen. Denn wir können Gedanken von etwas haben, das gar nicht existiert – wie im Fall meines Gedankens an einen Phönix –, und in diesem Fall gibt es nichts, zu dem mein Gedanke in Beziehung stehen könnte. Außerdem bleibt selbst dann, wenn wir uns über die Natur dieser Beziehung einigen – z. B. die Ähnlichkeit – und uns auf die Fälle beschränken, bei denen es Dinge gibt, auf die sich der Gedanke beziehen kann – z. B. Pferde –, das Problem, wer nun eigentlich diese Beziehung *hat*. Die Statue eines Pferds ist ein Block Stein oder Bronze, der mit mehr oder weniger großem Erfolg einem wirklichen Pferd ähnlich ist; aber im Geist gibt es nichts, das dem Stein oder der Bronze entsprechen würde, um diese Ähnlichkeit zu tragen.

Die Antwort von Thomas auf die Frage: „Was macht meinen Gedanken an ein Pferd zum Gedanken *an ein Pferd?"* lautet: Es ist das gleiche, was ein wirkliches Pferd zu einem Pferd macht, nämlich die Pferde-Form. Diese Form existiert individualisiert und materialisiert im wirklichen Pferd; sie existiert universal und immateriell in meinem Geist. Im ersteren Fall hat sie ein *esse naturale,* ein Dasein in der Natur, im letzteren Fall ein *esse intentionale,* ein Dasein im Geist. Damit eine Form, die F-heit, sei, sagten wir früher, muß sie die Form F von irgend etwas sein. Das müssen wir jetzt abwandeln und sagen: Damit eine Form F-heit sei, muß sie entweder für etwas „F" sein oder für jemanden der Gedanke eines „F" sein.

Diese Lehre darf nicht in irgendeinem geheimnisvollen oder mystischen Sinn verstanden werden. Ein heutiger Bewunderer des Thomas von Aquin, Herbert McCabe, hat treffend gesagt:

> „Diese Lehre versteht man völlig falsch, wenn man nicht erkennt, daß sie darauf abzielt, *offenkundig* zu sein. Sie stellt nicht die Beschreibung eines Prozesses dar, mittels dessen wir verstehen, sofern es einen solchen Prozeß überhaupt gibt. Es ist eine Binsenwahrheit; sie besagt: ‚Was ich im Geist habe, wenn ich um die Natur einer Kuh weiß, ist die Natur einer Kuh und nichts anderes.‘ Wenn nun jemand sagt: ‚Aber wenn die Natur, die du im Geist hast, die Natur einer Kuh ist, muß doch gewiß dein Geist eine Kuh sein – denn die Natur eines X zu haben bedeutet doch einfach, ein X zu sein‘, entgegnet Thomas lediglich, wenn man die Natur einer Kuh verstehen wolle, müsse man gerade diese Natur haben, ohne eine Kuh zu sein. Das ist es, was deutlich werden soll, wenn man sagt, man habe die Natur im Geist. Sie im Geist zu haben meint nichts anderes, als daß man die Natur habe, ohne das Ding zu sein, dessen Natur sie ist. Das bezeichnet er als ‚die Natur intentional haben‘. Für den heiligen Thomas ist der Geist nur der Aufenthaltsort des intentionalen Seins."

Wenn die Lehre von der intentionalen Existenz die Frage leichter beantworten läßt: „Was macht einen Gedanken zu einem Gedanken an X?", so verschärft sie andererseits die Frage: „Was macht einen Gedanken zum Gedanken von A?" Ein Gedanke enthält nichts, was ihn eher zum Gedanken des einen als des anderen Menschen machen würde. Unzählige Menschen außer mir glauben, daß zwei und zwei vier ergibt. Wenn also ich das glaube, was macht da diesen Glauben zu *meinem* Glauben? Thomas behauptete gegen die Averroisten, ein solcher Gedanke sei mein Gedanke und nicht der Gedanke einer Weltseele oder eines überindividuellen *intellectus agens*. Aber auf die Frage, was ihn zu *meinem* Gedanken mache, besteht seine einzige Antwort darin, daß er auf die Verbindung zwischen dem vernünftigen Inhalt des Gedankens und den mentalen Bildern, in denen er verkörpert ist, hinweist. Weil diese mentalen Bilder die Produkte meines Körpers seien, deshalb sei der vernünftige Gedanke *mein* Gedanke. Aus vielen Gründen, die zu entwickeln hier zu weit führen würde, erscheint diese Antwort als unbefriedigend. Aber wie Wittgenstein einmal bemerkt hat, sind nicht die Antworten, die Thomas von Aquin gibt, sondern die Fragen, die er stellt, der Maßstab für sein philosophisches Talent.

# Literaturhinweise zum Weiterlesen

Wer sich vor allem für das Leben des heiligen Thomas interessiert, sollte *Friar Thomas d'Aquino* von James Weisheipl O. P. (Blackwell, 1974) lesen. Die biographische Darstellung ist sehr kenntnisreich, und mein erstes Kapitel verdankt ihr viel. G. K. Chestertons *St Thomas Aquinas* (Hodder and Stoughton, 1933) ist ein lebendig geschriebenes, populäres Buch über Thomas, zieht aber kaum den Text seiner Schriften heran. Eine nüchternere und philosophisch fundierte Darstellung, die zugleich gut lesbar ist, bietet Pater Copleston in *Aquinas,* (Penguin, 1955). Philosophisch aufregend, aber höchst umstritten ist die Deutung von Thomas' Metaphysik, die Peter Geach in seinem Aufsatz in *Three Philosophers* (Blackwell, 1961) vorgelegt hat. Das beste Buch über die Philosophie des Geistes des Thomas von Aquin ist Bernard Lonergans *Verbum: Word and Idea in Aquinas* (Notre Dame, 1967). Das Buch ist voller Ideen, die die Mühe, es zu lesen, lohnend machen. Eine von mir herausgegebene Anthologie von Aufsätzen zeitgenössischer Philosophen über Thomas ist unter dem Titel *Aquinas: a collection of critical essays* (Macmillan, 1969) erschienen.

Aus den letzten Jahren sind zwei ausgezeichnete Untersuchungen über das Werk des Thomas von Aquin besonders empfehlenswert: *The Thought of Thomas Aquinas* von Brian Davies (Oxford University Press, 1992) sowie *The Metaphysics of Theism* von Norman Kretzmann (Oxford University Press, 1996).

# Deutschsprachige Literatur zu Thomas von Aquin[*]

Richard Heinzmann: Thomas von Aquin, Stuttgart/Berlin/Köln 1994

Wolfgang Kluxen: Thomas von Aquin im philosophischen Gespräch, Freiburg/München 1995

Ders.: Philosophische Ethik bei Thomas von Aquin, Hamburg ²1980

Ders.: Thomas von Aquin. Das Seiende und seine Prinzipien, in: Grundprobleme der großen Philosophen des Altertums und des Mittelalters, hrsg. v. J. Speck, Göttingen 1972, S. 177–220

Matthias Lutz-Bachmann: Ontologie und Theologie. Beiträge zum Problem der Metaphysik bei Aristoteles und Thomas von Aquin, Frankfurt/Bern/New York/Paris 1988

Otto Hermann Pesch: Thomas von Aquin. Grenze und Größe mittelalterlicher Theologie. Eine Einführung, Mainz 1988

Karl Rahner: Geist in Welt. Zur Metaphysik der endlichen Erkenntnis bei Thomas von Aquin, 2. von J. B. Metz überarbeitete und ergänzte Auflage, München 1957

James A. Weisheipl: Thomas von Aquin. Sein Leben und seine Theologie (engl. Titel s. o.), Graz/Köln 1980

---

[*] Ausgewählt von Professor Dr. Dr. Matthias Lutz-Bachmann

# Index

Abstraktion 62
Akzidentien 59, 61, 63–66, 73–75, 76, 86
Albert der Große 13–15
Allmacht 24, 64, 72
analog 24
angeborene Ideen 125
Aristoteles 5, 12, 14, 18–19, 23–24, 26–27, 29, 33–35, 37–39, 41, 54, 57, 63, 65, 85, 103, 114
Artikel 18
Astrologie 27
Auferstehung 21, 82
Averroes 37–38
Avicenna 37

Balliol, John de 15
Begriffe 52, 104, 116–117, 124, 126
Blindheit 86
Böse, das 26
Brunet, Elias 15

Catena Aurea 29
chemisch 70
Chomsky, Noam 125
Christliche Kirche 22
Compositio et divisio 103

Dasein 82, 84, 88
De Ente et Essentia 89

Demut 45
Disputation 16–17, 31, 35
Dominikaner 12–13, 35, 47
Dreifaltigkeit 21–22, 28

Einbildungskraft 112
Elemente 69
Empiriker 125
Empirismus 113
Engel 13, 25, 61, 78, 112
Erkenntnistheorie 51
Erschaffung der Welt 25, 63, 91
Ethik 40–42, 44–45, 53–54
Eucharistie 63
Ewigkeit 25, 36–37
Existenz 83–84, 86, 88–90, 92, 94

Form 25–26, 61, 66–67, 71–73, 75–76, 78–79, 81–82, 98, 121
Formale Logik 13
Fragen 18

Geach, Peter 70
Gedächtnis 111
Gedanken 102, 104–106
Gegen die Irrtümer der Griechen 29
Geist 36, 101, 118, 123, 125, 127, 130, 132
Gesetz 27, 44
Glaube 23, 33, 44

137

Glück 27, 40–41
Gnade 28, 44
Gott 22–24, 33, 61, 63–64, 72,
    88–89, 91, 93, 98, 112

Häresie 44
Heiligsprechung 50
Himmelskörper 27, 78
Hölle 20, 49

idealistisch 116, 123
Idee 114–115
Imagination 118
Individuation 47, 75, 82, 91
Inkarnation 21, 47
Intelligentia indivisibilium 103
Intentionalität 130–131

Juden 21–22

Kardinaltugenden 35, 45
Kategorien 59, 65
Keuschheit 13
konkret 62
kontingent 92–93
Körper 71
Körper und Seele 81
Krieg 44

Latein 54
Leben 97
Leo XIII. 50
Ludwig IX. 47–48

Magie 27
Mäßigung 40, 45
Materie 67–75, 78, 81
mentale Bilder 129
Metaphysik 57
Mohammedaner 21–22

moralisch 27, 40
mögliche Welten 53
Mut 45

Neapel 12, 47
*Nikomachische Ethik* 39–41, 46

Oxford 49, 80

päpstlich 11, 20, 33, 36
Paris 15, 35, 46
Peckham, John 37
Petrus Lombardus 14, 32, 49
Petrus von Irland 12
Pflanzen 26, 79
Phantasie 127
Phantasmata 113, 118
Platon 114, 122
Platonismus 78
Prädikate 59–60, 76, 85
Prophetie 46

Quaestiones Disputatae 16, 31
*Quaestiones Disputatae de Veritate*
    17–18
Quidditas 89
Quiddität 89
Quodlibet 16, 35

Raimund von Peñaforte 21
Religion 45
rezeptiver Verstand 36, 113,
    126–127
Rom 31
Ryle, Gilbert 43, 52

Sakramente 29, 47
Scholastik 57
Seele 26, 40, 79–81
Sein 83–84, 87, 94

seligmachende Schau 27
*Sentenzen des Petrus Lombardus* 14
Sinn 61, 112, 127
spezifisches Existieren 83
Sprache 112–113, 125
substantielle Veränderung 67
Substanz und Akzidentien 59–61, 63
*Summa contra Gentiles* 21, 24, 29, 31, 33, 37
*Summa Theologiae* 5, 32, 39, 48, 90

tätiger Verstand 36, 113, 115, 126–127
theologisch 35, 43–44
Tiere 26, 79, 110–111, 115
Tod 49, 67, 82
Transsubstantiation 47, 64–65
Tugend 35, 42

*Über das Königtum* 34

*Über die Naturprinzipien* 16
*Über Seiendes und Wesenheit* 16
Universitäten 15
Unsterblichkeit 26
Urmaterie 69, 72
Urteil 19, 104–107

Vernunft 33
Verstand 23, 41, 62, 102, 112
Vorherbestimmung 28
Vorsehung 27
Vorstellung 116, 118–119
Vorstellungskraft 36, 122

Wahrheit 17
Wesen 89–96, 109
Wilhelm von Moerbeke 29, 34
Wissen 107–108, 121
Wittgenstein, Ludwig 43, 51, 53, 134
Wort 105

# Menschen und Ideen, die unsere Welt verändert haben

### Wilhelm Geerlings
**Augustinus**

Augustinus gilt vielen als der „erste moderne Mensch". Seine Grundgedanken werden im Zusammenhang seiner bewegten Biographie deutlich.

### Thomas Buchheim
**Aristoteles**

Niemand hat unser heutiges wissenschaftliches Denken so sehr geprägt wie Aristoteles.

### Martin Gessmann
**Hegel**

„Was vernünftig ist, ist wirklich, und was wirklich ist, das ist vernünftig." Seine Denkmethode, die auch sehr komplexe Sachverhalte zu fassen vermag, bleibt bis heute aktuell.

### Klaus Fischer
**Einstein**

Mit seiner Relativitätstheorie hat er unser Weltbild revolutioniert. Stationen im Leben des großen Physikers und charismatischen Pazifisten und die Bedeutung seiner grundlegenden Einsichten.

### Michael Bordt
**Platon**

Eine prägnante Einführung in Platons Ideen, in Hintergründe und Konsequenzen seines Denkens und eine kleine Einleitung ins Philosophieren überhaupt.

**HERDER** / SPEKTRUM

Vittorio Hösle / Christian Illies
## Darwin

Darwin hat das Bild des Menschen von sich selbst, von der Weltordnung und vom Leben revolutioniert. Eine Einführung in Darwins Leben und Werk, die die bleibende Relevanz, aber auch die Grenzen seiner Ideen aufzeigt.

Anthony Stevens
## C. G. Jung

C. G. Jungs Tiefenpsychologie ist zum festen Bestandteil unseres Denkens über die menschliche Seele geworden. „Sehr gelungen und ausgewogen. Etwas vom Besten, was ich je von Jung in dieser Kürze gelesen habe" *(Verena Kast).*

Tom Sorell
## Descartes

Sein Satz „Ich denke, also bin ich" war epochemachend. Er gilt als Vater neuzeitlichen Denkens.

Ernstpeter Maurer
## Luther

Martin Luther hat unser Verständnis von Freiheit, Vernunft, Gnade und Glauben bis heute geprägt und unsere Wirklichkeit nachhaltig verändert.

C. C. W. Taylor
## Sokrates

Ohne Sokrates hätte sich das westliche Denken anders entwickelt. Aufgrund seiner moralischen und intellektuellen Integrität gilt er bis heute als Idealtypus des philosophischen Lebens.

**HERDER** / SPEKTRUM

Richard Tuck
**Hobbes**
Überraschende Aspekte eines großen politischen Denkers – die spannende
Einführung in das Leben eines der wichtigsten Philosophen der frühen Neuzeit.


Stillman Drake
**Galilei**
„Und sie bewegt sich doch", dieser Satz machte Galileo Galilei weltberühmt –
und zum Ketzer.


Michael Tanner
**Nietzsche**
Mit Sätzen wie „Gott ist tot" formulierte Friedrich Nietzsche einen Nihilismus,
dessen Auswirkungen auf das 20. Jahrhundert immens waren. Ein „Erdbeben"
seiner Epoche (Gottfiried Benn).


A. C. Grayling
**Wittgenstein**
Wittgensteins originelles und faszinierendes Denken reichte weit über die
Grenzen der Philosophie hinaus und machte weltweit Schule. Eine glänzende
Einführung, „fundiert und klar" *(Times)*.


Roger Scruton
**Kant**
Immanuel Kants Philosophie begründete eine neue Sicht des Menschen.
Was Freiheit, Vernunft, Moral, was objektiv und wirklich ist – Kant bleibt
die Schlüsselfigur modernen Denkens.


**HERDER** / SPEKTRUM

Anthony Storr
**Freud**

„Wir alle »sprechen« Freud, ob korrekt oder nicht. Er ist und bleibt unvermeidlich" (Peter Gay).

Michael Inwood
**Heidegger**

Der einflußreichste deutsche Denker des 20. Jahrhunderts: Martin Heidegger hat die menschliche Existenz in der modernen technikbestimmten Welt grundlegend neu gedacht.

Robert Wokler
**Rousseau**

Jean-Jacques Rousseau – eine zentrale Gestalt der europäischen Aufklärung und auch ihr gewaltigster Kritiker. Ein mächtiger Denker, Pädagoge und immer noch aktueller Gesellschaftskritiker.

Iring Fetscher
**Marx**

Mit seinen Analysen und Visionen wurde Karl Marx zum Vordenker moderner Revolutionen. Seine Fragen zu Gesellschaft und Individuum, Ökonomie und Arbeit sind unverändert aktuell.

**HERDER** / SPEKTRUM